Hofmann · Mindbombs

Martin Ludwig Hofmann

Mindbombs

Was Werbung und PR von
Greenpeace & Co. lernen können

Wilhelm Fink

Bibliografische Information der Deutschen Nationalbibliothek

Die Deutsche Nationalbibliothek verzeichnet diese Publikation in der Deutschen Nationalbibliografie; detaillierte bibliografische Daten sind im Internet über http://dnb.d-nb.de abrufbar.

ISBN 978-3-7705-4577-3
© 2008 Wilhelm Fink Verlag, München

Internet: www.fink.de

Einbandgestaltung: Evelyn Ziegler, München
Titelfoto: Alexander Bombe/pixelio.de

Herstellung: Ferdinand Schöningh GmbH, Paderborn

INHALT

*Die Methoden von
Greenpeace & Co. sind eine
Inspirationsquelle für
die Wirtschaft.*

Bruno Wagner,
ehemaliger Berater von
Fidelity Investments

EINLEITUNG

> Statt sich in eine Ecke zu ver-
> kriechen und darüber zu jam-
> mern, was die Medien mit uns
> anstellen, sollte man zur Atta-
> cke blasen und ihnen in die
> Elektroden treten.
>
> Marshall McLuhan[1]

Bob Hunter war ein Träumer und Idealist. Und auch aus seiner esoterischen Weltsicht hat der kanadische Greenpeace-Gründer nie einen Hehl gemacht. Selbst am Vorabend seiner bis dato größten Herausforderung soll er das *I Ging* befragt haben. Wieder einmal. Er wollte wissen, ob die Zeit tatsächlich reif wäre für den nächsten Schritt, ob er und seine zwei Dutzend Freunde es wirklich wagen sollten, mit einem alten Fischkutter und ein paar Schlauchbooten in den Pazifik hinauszufahren, um dem Kartell der internationalen Walfang-Flotten den Kampf anzusagen.

Die chinesische Orakelzeremonie fiel ausgesprochen freundlich aus. Hunter kritzelte anschließend auf ein Stück Papier: „Politische Revolutionen sind extrem schwerwiegende Angelegenheiten. Man sollte sich darauf nur einlassen, wenn es unbedingt notwendig ist und es keinen anderen Ausweg gibt. Die Zeiten ändern sich und mit ihnen die Anforderungen. Feuer unten und der See oben bekämpfen sich und zerstören einander. So findet auch im Jahreslauf ein Kampf statt zwischen den Mächten des Lichtes und der Dunkelheit, der in der Revolution der Jahreszeiten endet. Die Stunde ist gekommen.“[2]

Am nächsten Morgen stach Hunter gemeinsam mit seinem Freund Rex Weyler und einigen weiteren Aktivisten in See. „Als

---

[1] Zitiert nach: Martin Baltes und Rainer Höltschl (Hg.): *absolute Marshall McLuhan*, Freiburg 2002, S. 49.

[2] Zitiert nach David McTaggart: *Rainbow Warrior. Ein Leben gegen alle Regeln*, München 2001, S. 148.

wir bekannt gaben, dass wir uns zwischen die Harpuniere und die
Wale platzieren wollen, dass wir bereit wären zu sterben, um die
Wale zu retten, verpflichteten wir uns der größten Sache, die wir
bisher unternommen hatten. Wir verpflichteten uns einer Aufgabe,
die über den Rahmen der menschlichen Sache hinausging. Wir
hatten einen Augenblick lang die Vision einer neuen Welt",
schreiben Hunter und Weyler später in ihrem Buch *Rettet die Wale*.[3]

Doch zugleich schränkten sie ein, dass die Idee, mit einem kleinen Greenpeace-Schiff die Harpuniere der größten Walfang-
Flotten aufhalten zu wollen, zunächst mit großer Skepsis aufgenommen worden sei. Überhaupt sorgte ihr gesamter esoterisch und
romantisch geprägter Habitus für Kopfschütteln. „Für die bereits
bestehenden Organisationen war das Ganze zu bizarr und so standen wir alsbald abseits der herkömmlichen Umweltschutzbewe-
gung", berichteten Hunter und Weyler.[4] Selbst im eigenen politischen Lager schlug ihnen teilweise hämischer Spott entgegen. An
einen Erfolg glaubte kaum jemand. Schlimmer noch: Viele sahen
nicht einmal die Notwendigkeit dieser Aktion.

Erstaunlicherweise waren jedoch große Teile der allgemeinen
Weltöffentlichkeit bald ganz anderer Meinung. Rund um den Erdball fieberten die Menschen mit dem kleinen Grüppchen idealisti-
scher Öko-Krieger, die den großen Walfang-Nationen den Kampf
angesagt hatten. Nahezu alle großen Zeitungen auf nahezu allen
Kontinenten brachten die eindrucksvollen Fotos der mutigen Hippies, die in ihren Schlauchbooten den schutzlosen Meeressäugern
beistanden. Selbst zahlreiche Fernseh- und Rundfunknachrichten
machten mehrere Tage lang mit dieser Geschichte auf. „Rettet die
Wale" wurde zur erfolgreichsten Kampagne von Greenpeace und
machte aus einer kleinen ökologischen Splittergruppe auf einen
Schlag eine weltweit aktive Bewegung.

Alles nur Zufall?

Hatten Hunter und Weyler lediglich den richtigen Riecher?

Oder lag es am Ende einfach daran, dass die *I-Ging*-Steine besonders gut gefallen waren?

---

[3]   Bob Hunter, Rex Weyler: *Rettet die Wale. Die Fahrten von Greenpeace*, Frank-
      furt/M. u.a. 1982, S. 20. In seinem Buch *Greenpeace. How a Group of Ecolo-
      gists, Journalists and Visionaries Changed the World*, Vancouver 2004, hat
      Rex Weyler die turbulenten Anfangsjahre von Greenpeace detailliert festgehal-
      ten.
[4]   Hunter, Weyler: *Rettet die Wale*, S. 24.

Es mag sein, dass Bob Hunter ein esoterischer Träumer und Idealist gewesen war. Aber mit Sicherheit beschreibt man ihn mit diesen Attributen nur höchst unzureichend. Mindestens im gleichen Maß muss man ihn als gerissenen Medien-Profi begreifen. Denn bevor er Gründungsdirektor und Vordenker von Greenpeace wurde, hat er als Texter in einer Werbeagentur sowie als Journalist bei einer Tageszeitung gearbeitet – und diese berufliche Vorgeschichte sollte man keineswegs als Randnotiz abtun. Denn ohne diesen professionellen Hintergrund hätte Hunter das Konzept der *Mindbombs* – der Gedankenbomben – wahrscheinlich nicht entwickeln können. Bereits im Jahr 1971 hatte er in seinem Buch *The Storming of the Mind* erste Grundgedanken dazu skizziert. Dabei griff er Aspekte der medientheoretischen Schriften seines kanadischen Landsmanns Marshall McLuhan auf und forderte, dass die neuen sozialen Bewegungen bei ihrer Arbeit auf die effizienten Techniken moderner Werbung und *Public-Relations*-Kampagnen zurückgreifen sollten.

Mit anderen Worten: In *The Storming of the Mind* legte Hunter erste theoretische Bausteine dessen nieder, was er später auf den Wellen des Pazifiks in die Praxis umzusetzen versuchte: das Konzept der *Mindbombs*. Ein medientheoretisches Konstrukt, mit dem bis heute das Geheimnis kraftvoller und erfolgreicher Werbekampagnen beschrieben werden kann.

Wer beruflich oder ehrenamtlich mit der Aufgabe betraut ist, Öffentlichkeit für Marken, Unternehmen, Behörden, Vereine oder sonstige Belange herzustellen, wessen Job es ist, Kampagnen zu entwickeln und zu lancieren, der sollte dieses Konzept kennen. Und er sollte in der Lage sein, die zentralen Elemente in seiner eigenen Arbeit einzusetzen. Schließlich können damit die Wirkungen und Effekte von Kampagnen signifikant erhöht werden.

Doch worin bestehen diese zentralen Elemente? Was macht das Geheimnis kraftvoller Kommunikations- und Werbekampagnen aus?

Kurz: Was sind Gedankenbomben und wie funktionieren sie?

Ausgestattet mit der wissenschaftlichen Neugier und dem theoretischen Rüstzeug des Soziologen sowie mit dem professionellen Blick des Werbetexters und Kampagnenmachers habe ich mich auf eine Reise begeben, um mit einigen jener Menschen zu sprechen, die erfolgreich *Mindbombs* gezündet haben. Und zwar keineswegs nur im Auftrag großer Konzerne, die in der Regel über entsprechend üppig ausgestattete Etats für internationale Kampagnen und Markenpflege verfügen. Denn die Kunst des *Mindbombing* besteht gerade darin, mit einem begrenzten Einsatz finanzieller Mittel eine möglichst große öffentliche Aufmerksamkeit zu erzielen.

Wo sollte eine solche Reise ihren Ausgangspunkt nehmen?

Natürlich dort, wo das Konzept der Gedankenbombe entwickelt wurde: in Vancouver B.C. an der kanadischen Westküste. Bereits früh stand fest, dass diese Untersuchung mit einem Besuch beim letzten lebenden Greenpeace-Gründer beginnen sollte. Bei Rex Weyler, der als erster Kommunikationsdirektor der jungen Öko-Bewegung an zentraler Stelle mithalf, aus einer kleinen Gruppe engagierter Aktivisten eine weltumspannende Organisation zu schaffen. Sein Freund Bob Hunter, der hauptsächliche Vater der *Mindbomb*-Theorie, war zu diesem Zeitpunkt bereits verstorben. Am 2. Mai 2005 war er einem Krebsleiden erlegen.

Fünf Jahre zuvor hatte ihn das *Time Magazine* zu einem der weltweit zehn wichtigsten und einflussreichsten Umweltschützer des 20. Jahrhunderts gewählt. Eine Würdigung, die ihn besonders gerührt haben soll. Dass der große Ökologe aber auch ein großer Medienmann war, brauchte ihm nicht eigens bescheinigt zu werden. Er bewies es tagtäglich selbst: Bis zu seinem Tod arbeitete er als Reporter und Kolumnist für das Fernsehen und für Zeitschriften. Er nutzte alle Medienkanäle, die sich ihm boten, und trat auch als Schriftsteller und Buchautor in Erscheinung.

Er schrieb, sendete und textete bis zuletzt.

KAPITEL 1
DER ANDERE KRIEG DER BILDER

Rex Weyler, der erste Kommunikationsdirektor von Greenpeace, war nicht nur Crew-Mitglied der „Rettet die Wale"-Kampagne, sondern sorgte an entscheidender Stelle dafür, dass die gegenkulturell inspirierte Öko-Bewegung ihr Anliegen in den Medien wirkungsvoll platzierte. Heute arbeitet Weyler – einer der letzten lebenden Gründungsväter von Greenpeace International – als freier Journalist und Autor in Vancouver.

DIE GEBURT DER GEDANKENBOMBE
IN DEN WEITEN DES PAZIFIKS

Vancouver an der Pazifikküste. Im Jahr 1975 sticht von dieser kanadischen Hafenmetropole eine Hand voll Öko-Aktivisten mit einem alten Fischkutter und mehreren Schnellbooten in See. Ihr Ziel: dem kommerziellen Walfang den Kampf anzusagen. Das Ergebnis: eine der medial wirksamsten Aktionen der Welt, die Greenpeace-Kampagne „Rettet die Wale".

Die langen Haare flatterten im Wind. Wellen peitschten hoch. Das kleine Schnellboot mit zwei Hippies an Bord hielt direkt auf drei russische Walfangschiffe zu. Doch was hieß schon Schiffe? Riesenhafte metallene Festungen waren es, die sich vor dem Schlauchboot auftürmten. Schwimmende Todesfabriken, ausgestattet mit schwerem Geschütz, um massenhaft Wale abzuschlachten. Die Harpunen-Kanonen der Waljäger donnerten ohrenbetäubend. Unnötig zu erwähnen, dass deren Pfeile auch für Menschen tödlich sein konnten.

Die zwei Mann starke Besatzung des Schlauchboots krallte sich an den Halteseilen fest, um nicht von Bord gespült zu werden. Hinter ihnen folgten drei weitere Zodiac-Schlauchboote. Noch wenige Meter, dann konnten sie die schwarz glänzenden Rücken der Pottwale sehen, aus deren Atemöffnungen Fontänen aufstiegen. Die Tiere waren in Panik. Harpunengeschosse durchschlugen die Wasseroberfläche. An immer mehr Stellen färbte sich das bitterkalte Wasser blutrot. Doch unbeirrt steuerten die Aktivisten ihre Boote mitten in das mörderische Treiben hinein.

Einer der Hippies auf den Schnellbooten hieß Rex Weyler, ein Amerikaner, dessen Vorfahren einst aus dem Schwarzwald ins Land der unbegrenzten Möglichkeiten aufgebrochen waren. Ein Friedens- und Umweltaktivist, der zu diesem Zeitpunkt bereits dem gelobten Land seiner Großväter den Rücken gekehrt hatte: als Vietnam-Kriegsdienstverweigerer war er gezwungen gewesen, vor dem FBI ins kanadische Exil zu fliehen. Noch heute lebt der inzwischen 60-Jährige in Vancouver, jener multikulturellen Metropole an der kanadischen Westküste, in der er vor mehr als drei Jahr-

*Eine Waffe im Kampf um
die öffentliche Meinung:
Foto eines Walfängers bei
der Arbeit. Aufgenommen
im Sommer 1975.*

zehnten mithalf, eine Organisation ins Leben zu rufen, die in er-
staunlich kurzer Zeit zur weltweit bekanntesten Öko-Marke auf-
steigen konnte: *Greenpeace* – quasi das Coca-Cola der Umwelt-
bewegungen.

Weylers Haus steht etwas von der Straße zurückversetzt, der
Eingang liegt hinter Bäumen und Büschen versteckt. Wir laufen
zunächst daran vorbei und es dauert einen Moment, bis wir den
Zugang finden, obwohl Rex Weyler uns zuvor am Telefon den
Weg detailliert beschrieben hat. Innen erinnert die Wohnung an die
Bude eines Langzeitstudenten: Nichts passt zusammen und doch
ergibt alles irgendwie ein Gesamtbild. Überall sind Bücher verteilt,
an den Wänden, auf den Tischen und teilweise einfach auf dem
Boden gestapelt. Eine altmodische, dunkelgrüne Polstergarnitur
und ein kleiner Wohnzimmertisch, die man wahrscheinlich in Dis-
counter-Katalogen der siebziger Jahre finden konnte, bilden das
Herz des Wohnzimmers. Über dem Regal hängt eine Indianermas-
ke, daneben steht eine kleine Buddha-Statue, flankiert von einem

Gefäß mit Ethno-Schmuck. Reliquien eines reisefreudigen Aben-
teurerlebens. Der Kaffee wird stilecht in schweren, wahrscheinlich
selbst getöpferten Tontassen serviert.

Rex Weyler ist einer der letzten lebenden Gründungsmitglieder
von Greenpeace International. Jener legendären Truppe aus Jour-
nalisten, Hippies, Wissenschaftlern und Friedensaktivisten, die
sich Anfang der 1970er Jahre anschickte, die Welt zu verändern.
David McTaggart, der raubeinige Langzeit-Präsident ist 2001 gestorben. Bob Hunter, der charismatische Gründungsdirektor, erlag
im Mai 2005 einem Krebsleiden. Vor allem Hunters Tod hat Weyler tief getroffen. Die beiden waren enge Freunde gewesen, seit sie
vor mehr als 30 Jahren an Bord des Schiffes der ersten Anti-
Walfang-Kampagne alle Höhen und Tiefen einer Greenpeace-
Aktion durchlebt hatten. Hunter als Boss, Weyler als Fotograf.
Zwei Regenbogen-Krieger auf gemeinsamer Mission.

„Wir fuhren direkt zwischen die Wale und die Harpuniere – unsere Schnellboote sprangen über die Wellen und wir mussten uns
an Seilen festklammern, damit es uns nicht von Bord warf." Weyler setzt sich in seinem altmodischen Sessel auf, während er
spricht. „Die Explosionen der Harpunen-Kanonen waren so laut,
dass wir uns die Ohren zuhalten mussten. Es war die Hölle auf
Erden. Doch als ich durch die Linse blickte, hatte ich exakt das
Bild vor Augen, das wir seit drei Jahren gesucht hatten: den Rücken eines Wals, in dem eine tödliche Harpune steckte."

Sein Zeigefinger deutet auf eines der großen Schwarzweiß-
Bilder, die auf dem kleinen Wohnzimmertisch ausgebreitet liegen.
„Ich drückte mehrfach den Auslöser, dann starrte ich auf Bob. Er
schaute mir mit finsterem Blick direkt in die Augen und hob dann
seine geballte Faust." Mission erfüllt! Greenpeace hatte, was es so
dringend für seine weltweite Anti-Walfang-Kampagne benötigte:
emotionale Bilder, die für sich alleine sprachen. Fotos, die als Be-
weisstücke in einem weltweiten Krieg dienten. *Mindbombs*, die in
den Köpfen der Zeitungsleser und Fernsehzuschauer zündeten.

Der Begriff *Mindbomb*, also „Gedankenbombe", stammt von
Bob Hunter. Inspiriert von den medientheoretischen Schriften seines kanadischen Landsmanns Marshall McLuhan, plädierte Hunter
für die Übernahme von Techniken und Taktiken moderner Werbung und Markenkommunikation ins Feld der neuen sozialen Bewegungen. Wenn Konzerne für ihre Produkte erfolgreich Kampagnen entwickeln konnten, um in das Bewusstsein der Menschen

vorzudringen – warum sollte das nicht auch der Öko-Bewegung gelingen?

„Sicher, es gab Diskussionen. Einige warfen uns Manipulation vor. Doch Bob wurde nicht müde, zu betonen, dass es darum gehen musste, der breiten Öffentlichkeit eine ökologische Erfahrung zu ermöglichen", erläutert Weyler, der sich als erster Kommunikationsdirektor von Greenpeace den Ruf eines mit allen Wassern gewaschenen Medien-Profis erwarb. Nach seiner Zeit bei Greenpeace arbeitete er als Journalist und wurde 1982 sogar für den Pulitzer-Preis nominiert. „Zahlreiche Wissenschaftler hatten zig Belege und Argumente gegen Atombombentests und gegen den industriellen Walfang vorgebracht, doch kaum jemand hatte ihnen zugehört. Einfach deshalb, weil das, was sie sagten, viel zu kompliziert war. Daran mussten wir etwas ändern."

Hier kommen Hunters „Mindbombs" ins Spiel: Einfache Bilder für komplexe Zusammenhänge, die durch die Medien transportiert werden und in den Köpfen der Leute eine emotionale Wirkung entfalten – sprich: explodieren. Das Ganze in das Korsett einer internationalen Kampagne gepackt, umrahmt von griffigen Slogans und später sogar eigenen Merchandising-Produkten. Man denke an die hunderttausendfach verkauften Aufkleber, Poster oder T-Shirts, auf denen auch hierzulande die Weissagung der Cree-Indianer unters Volk gebracht wurde („... am Ende werdet Ihr merken, dass man Geld nicht essen kann").

So weit, so gut. Heute wird das Einmaleins der Kampagnenkonzeption in kommunikationswissenschaftlichen Studiengängen gelehrt. Doch warum diese martialische Sprache? Warum die Rede von Gedankenbomben? „Obwohl wir Pazifisten waren, gebärdeten wir uns manches Mal wirklich kriegerisch", gibt Weyler lachend zu. Wahrscheinlich spielte der Zeitgeist eine nicht unwesentliche Rolle: die Erfahrung des Vietnamkriegs, die wahnwitzigen Atombomben-Tests oder der wie moderner Seekrieg anmutende Walfang. „Allerdings verstanden wir das Kriegerische in einem spirituellen Sinn", so Weyler.

Spirituelle Krieger? „Ein großer Teil der ersten Greenpeace-Aktivisten war von den verschiedenen Strömungen der Gegenkultur geprägt. Sie rauchten Marihuana, lasen neben Herbert Marcuse auch Carlos Castaneda und nutzten *I-Ging*-Steine, um Entscheidungen herbeizuführen", erläutert Weyler. Eines Tages soll Bob Hunter von einem Fremden ein kleines Büchlein über indianische Prophezeiungen

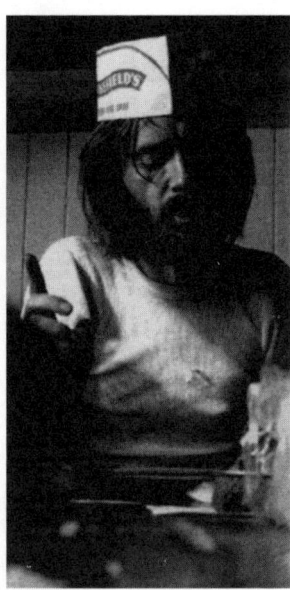

Medienexperten im Dienst der Öko-Bewegung: Rex Weyler (links) und
Bob Hunter (rechts) während der ersten Anti-Walfang-Kampagne.

in die Hand gedrückt bekommen haben. Sein Titel: *Warriors of the Rainbow.* Bob Hunter las das Büchlein und – so will es zumindest die Legende – begriff schon beim Lesen, dass sich daraus ein neuer Mythos schaffen lasse, ein Mythos für das ausgehende zwanzigste Jahrhundert: die *Rainbow Warriors*. Regenbogen-Krieger, die antreten, um die Erde zu verteidigen.

Im Kern basiert dieser neukonstruierte Mythos auf der Jahrhunderte alten Prophezeiung der Cree-Indianer, die voraussagt, dass eine Zeit kommen werde, in der die Vögel von den Bäumen fallen, die Fische tot in vergifteten Flüssen treiben und die Wölfe in den Wäldern einsam sterben. Wenn „der weiße Mann" mit seinen technologischen Möglichkeiten den gesamten Erdball bis in den letzten Winkel mit seiner wirtschaftlichen Gier überzogen haben wird, werden die indianischen Völker sich sammeln, ihren verlorenen Geist wiederfinden und anschließend die anderen Völker daran teilhaben lassen. Eine kleine Gruppe, gebildet aus Vertretern aller Kulturen und Hautfarben, die so genannte Gruppe der Regenbogen-Krieger, wird sich daraufhin auf den Weg machen, um gemeinsam die Erde zu retten.

David gegen Goliath auf hoher See: Ein Foto, das Geschichte machte.

Auch wenn viele darüber gelacht haben, der Mythos funktionierte – und zwar weltweit!

Selbst David McTaggart, der in den Anfangsjahren von Greenpeace als interner Gegenspieler von Bob Hunter und Rex Weyler agierte, musste das zugestehen. Zwischen dem ehemaligen Geschäftsmann, der in erster Linie „harte Themen" wie das Problem der Atombombentests bearbeitet wissen wollte, und der Gruppe um Hunter und Weyler gab es damals heftige Flügelkämpfe. Noch in der kurz vor seinem Tod erschienenen Autobiographie kann McTaggart seinen Unmut über die „zusammengewürfelte Bande von Hippies" kaum zügeln, wie er die Gruppe in Vancouver nennt. „Hier in Paris reden wir über die nukleare Auslöschung der Menschheit. Und sie haben nichts anderes im Sinn, als entzückende Meeressäuger zu retten. Bescheuert!"[5]

Deutlich kleinlauter fügt er jedoch hinzu: „Na ja, im Nachhinein betrachtet vielleicht doch nicht so dumm. Es erwies sich später als ziemlich guter Schachzug, auch wenn es mir damals reichlich albern vorkam." Und an anderer Stelle noch deutlicher: „Dies wird eine ungeheuer erfolgreiche Kampagne, die erste von vielen, bei denen kleine Greenpeace-Schlauchboote riesige Walfangschiffe herausfordern und gewinnen – zumindest in den Augen der Weltöffentlichkeit. Denn wenn David sich gegen Goliath stellt, ist es nicht schwer zu raten, auf welcher Seite die meisten Leute stehen."[6]

Es ist die einfache Lehre, dass – allem Pathos der Aufklärung zum Trotz – multimediale Massenkommunikation immer auch das Gefühl der Menschen ansprechen muss, wenn sie erfolgreich sein will. David McTaggart konnte diese Lehre aus dem überragenden Erfolg der Anti-Walfang-Kampagne seiner Kontrahenten Bob Hunter und Rex Weyler ziehen. *Emotionale Ansprache* lautet das Kernelement, das im Baukasten keiner Gedankenbombe fehlen darf. Denn Menschen sind eben nicht nur kühle, vernunftgesteuerte Wesen, wie uns große Teile der mathematisch ausgerichteten Wirtschaftswissenschaften glauben machen wollen. Oft entscheidet erst der Bauch und dann der Kopf. Oder, um mit Freud zu sprechen: Kein Kommunikationsfachmann darf den Fehler begehen, die Macht des Unbewussten zu unterschätzen.

---

[5] David McTaggart: *Rainbow Warrior. Ein Leben gegen alle Regeln*, München 2001, S. 145.

[6] Ebd., S. 145 und 149.

Um Missverständnissen vorzubeugen, sei an dieser Stelle betont, dass es nicht nur medientheoretisches Kalkül war, das die
führenden Köpfe der frühen Greenpeace-Bewegung für den Mythos der *Rainbow Warriors* einnahm. Bei Hunter, Weyler und vielen anderen handelte es sich um echte Begeisterung, die aus einer
Verwurzelung in den verschiedenen Milieus der Gegenkultur re-
sultierte. Diese Nähe zur Gegenkultur lässt sich auch an Rex Weylers Biografie exemplarisch ablesen. Nach einer braven High-
School-Zeit in Texas absolvierte er im Herbst 1966 in der Nähe
von San Francisco ein Praktikum. „An einem Wochenende stolper-
te ich damals in den ‚Summer of Love' mit Janis Joplin und Tau-
senden Hippies im Golden Gate Park", erzählt Weyler lachend.
Danach sei nichts mehr so gewesen wie zuvor. Er ging nach Paris,
um an der legendären Besetzung der Sorbonne teilzunehmen. Un-
bekannte sprühten damals ein Graffito an die Wand, das sich in
sein Gedächtnis einbrannte: „Die Phantasie an die Macht!" Es sollte zur Losung seines weiteren Lebens werden.

Als er einige Monate darauf seinen Einberufungsbescheid für
den Vietnamkrieg erhielt, verbrannte er ihn kurzerhand. Für Krieg
war kein Platz in seinem Leben, zumindest nicht für diesen. Im
Frühjahr 1969 blockierte er mit einigen Mitstudenten auf dem
Campus in Los Angeles Anwerbungs-Offiziere der US Army, die
gerade dabei waren Freiwillige zu rekrutieren. „Ohne lange zu
zögern, hat die Hochschulleitung uns daraufhin vom College ge-
schmissen." Damit war sein formales Studium ohne Abschluss zu
Ende – und es begann das, was er seine „informelle Ausbildung"
nennt: „Ich nahm Meskalin am Strand von Big Sur, verbrachte
einige Monate am von Joan Baez gegründeten *Institut für das Studium der Gewaltlosigkeit* und ging anschließend auf ausgedehnte
Reisen nach Europa, in den mittleren Osten, nach Indien und
schließlich nach Nepal."

Noch 1969 – mit gerade mal 22 Jahren – veröffentlichte er sein
erstes Buch: *I took a walk today*, einen pazifistischen Diskurs mit
Fotos der winterlichern Landschaft des Yosemite Valley in Kali-
fornien. Als er nach seinen Reisen in die USA zurückkehrte, stellte
die Bundespolizei ihm nach. Die allgemeine politische Atmosphäre
war von hitzigen Debatten geprägt und die Fronten waren extrem
verhärtet. Kriegsdienstverweigerung und Aufwiegelung zur Ver-
weigerung des Militärdiensts waren keine Kavaliersdelikte. Es
wurde ein Haftbefehl gegen ihn ausgestellt und es drohten ihm bis

Fast dreißig Jahre später: Die Väter des Mindbomb-Konzepts, Rex Weyler (links) und Bob Hunter (rechts), betrachten alte Fotos und Texte.

zu 25 Jahre Gefängnishaft. Weyler tauchte unter und verbrachte einige Zeit im Untergrund verschiedener Großstädte, bevor er im Juni 1972 schließlich nach Vancouver gelangte.

Freunde aus der Anti-Vietnamkriegs-Bewegung hatten ihm geholfen, die grüne Grenze nach Kanada zu überschreiten. Trotz dieser Unterstützung stand Rex Weyler vor einem schwierigen Neubeginn. Ein Kriegsdienstverweigerer, dem das FBI im Nacken saß und der kaum Geld in der Tasche hatte. Um sich und seine junge Frau über Wasser zu halten, arbeitete er als Fotograf und Journalist. Zunächst ohne allzu große Ambitionen, doch bald schon fand er Gefallen an dem schnellen Geschäft mit Bildern und Nachrichten.

Als Bob Hunter ihn ein Jahr später fragte, ob er auch von einem Schnellboot aus Fotos machen könne, witterte er seine Chance. „Ich wüsste nicht, warum es nicht gehen sollte", antwortete Weyler und war von da an Mitglied des Greenpeace-Kollektivs. Bald darauf würde er als Fotograf an Bord der ersten Anti-Walfang-Kampagne von Greenpeace dabei sein. Und mit seinen Fotos mithelfen, Geschichte zu schreiben. „Es ist ein Krieg der Bilder: Wer die besten Headlines und Fotos bekommt, gewinnt!", hat Hunter damals gesagt.

Weyler hatte sich die Worte zu Herzen genommen. „Immer wieder hielten wir zwischen die Harpuniere und die Wale. Am Ende hatten wir acht Wale gerettet. Und unzählige Beweisfotos dieses grausamen Treibens im Kasten."

Gedankenbomben, die darauf warteten, in den Zeitungen und Nachrichtenmagazinen der Welt gezündet zu werden.

THEORIE-BAUSTEIN I
EINE KURZE GESCHICHTE GEGENKULTURELLER WERBUNG

Entwickelt und in die Praxis umgesetzt wurde das Konzept der Gedankenbomben von Aktivisten der so genannten Gegenkultur. Doch die gesamte Ahnenlinie der Mindbombs folgt komplizierteren Wegen. Sie resultiert aus einem Wechselspiel zwischen Strömungen der Mainstream-Kultur auf der einen und der Gegenkultur auf der anderen Seite sowie aus verschiedenen Austauschbewegungen zwischen avantgardistischen Gruppen beider Seiten.

Fälschen, täuschen, verführen

Werbung und Gegenkultur, so scheint es, verhalten sich wie Feuer und Wasser. Lässt man die in den sechziger und siebziger Jahren dominanten Stimmen auf Seiten der Linken zu Wort kommen, wird das revolutionäre Element deutlich, das in Bob Hunters und Rex Weylers Forderung lag, die Instrumentarien moderner Markenkommunikation in das Feld der neuen sozialen Bewegungen zu überführen. Es scheint, als ob die Greenpeace-Vordenker nichts Geringeres als einen Tabubruch gefordert hätten, eine Grenzverletzung ganz besonderer Art.

Theodore Roszak schreibt beispielsweise in seinem 1969 erschienenen Buch *Gegenkultur*, das schnell zum modernen Klassiker einer unkonventionellen Linken avancierte: „In allen Lebensbereichen gewinnen Image-Macher und Werbefachleute immer größere Bedeutung. Das Regime der Experten stützt sich auf einen Stab von Fälschern, deren Aufgabe es ist, das aus unbefriedigten Bedürfnissen erwachsene Unbehagen geschickt aufzufangen." Und in nicht minder bitterem Tonfall fährt er fort: „Die Entdeckung brillanter neuer Verfahren zur Täuschung der Öffentlichkeit wird ‚Marktforschung' genannt."[7]

---

[7] Theodore Roszak: *Gegenkultur. Gedanken über die technokratische Gesellschaft und die Opposition der Jugend*, Düsseldorf, Wien 1971, S. 38 und 210.

Fälschen, täuschen, verführen – das Bild, das sich linke Vordenker von Werbung und Marketingkommunikation machten, war scharf konturiert und wurde von der bildungsbürgerlichen Verachtung für alles Profane noch verstärkt. Werbung war aus linker Perspektive höchst anrüchig. Es war „Schmuddelkram" der ganz perfiden Sorte – und man spielte eben nicht mit Schmuddelkindern. Doch genau das hatten Hunter und Weyler gefordert.

Der Griff ins Unbewusste

Es war die alte Angst, die von Roszak und anderen geäußert wurde, die Angst, dass Werbung quasi als Agentin kapitalistischer Großkonzerne ins Bewusstsein der Menschen einzudringen versuche. Oder, noch perfider, ins *Un*bewusste – wovor Vance Packard in teilweise durchaus hysterischem Tonfall warnte. Sein Bestseller *Die geheimen Verführer*,[8] der bereits Ende der fünfziger Jahre erschien, gab die Tonlage der Debatte für die folgenden Jahrzehnte vor. Mit Mitteln der Tiefenpsychologie, so Packards These, würden Werbetreibende versuchen, unterhalb der so genannten Reizschwelle, also jener Schwelle, die bewusst wahrnehmbare Reize von nicht bewusst wahrnehmbaren Reizen trennt, Verbraucher zu beeinflussen. Das Stichwort lautete „unterschwellige Werbung".

Packard führte ein langes Gespräch mit James M. Vicary, der damals als Inhaber der Werbeagentur *Subliminal Projection Co.* in New York tatsächlich mit Techniken unterschwelliger Beeinflussung experimentierte. In der allgemeinen „Jagd nach überzeugenderen Verkaufsmethoden"[9] hatte Vicary scheinbar das erfolgversprechendste und gleichzeitig hinterhältigste Instrumentarium im Angebot: subliminale Werbung. Deren Technik bestand im Wesentlichen darin, bei der Vorführung eines Kinofilms für wenige Bruchteile von Sekunden suggestive Werbebotschaften einzublenden. So kurz, dass das Publikum die Botschaften nicht bewusst wahrnehmen konnte.

Eben noch lächelte Cary Grant von der Leinwand – aber war da nicht etwas? Für einige Sekundenbruchteile war „Drink Coca-Cola" oder „Eat Popcorn" eingeblendet worden. So kurz, dass das

---

[8]   Vance Packard: *Die geheimen Verführer. Der Griff nach dem Unbewussten in
      jedermann*, Düsseldorf 1958.
[9]   Ebd., S. 33.

Bewusstsein der Zuschauer die Botschaft nicht wahrnehmen konnte. Aber lange genug, so Packards These, dass sie sich im Unbewussten festsetzen und von dort aus handlungsleitende Kraft entfalten konnte. Vance Packard beschreibt, wie ein solchermaßen beeinflusstes Publikum wesentlich mehr Cola konsumierte als ein Publikum in einem Kontrollversuch, dem keine unterschwelligen Botschaften verabreicht wurden. Nach Packards Angaben steigerte die nicht bewusst wahrnehmbare Beeinflussung den Getränkeverkauf um 18 Prozent und den Popcorn-Absatz um sagenhafte 57 Prozent.

Erschreckend, oder? Dumm nur, dass spätere empirische Untersuchungen kaum Anhaltspunkte für die Möglichkeit einer Verhaltensbeeinflussung durch unterschwellige Werbung erbracht haben. Eine der ausführlichsten Auseinandersetzungen mit Packards Theorie stammt von Dr. Horst W. Brand. Der wissenschaftliche Mitarbeiter des Instituts für Wirtschafts- und Sozialpsychologie an der Universität Köln legte in seinem Buch *Die Legende von den „geheimen Verführern"* dar, dass nahezu alle empirischen Untersuchungen, in denen die Wirksamkeit unterschwelliger Werbung getestet wurden, methodische Unzulänglichkeiten aufwiesen.[10]

Auch wenn die Debatte über den vermuteten Einsatz unterschwelliger Beeinflussung in unregelmäßigen Abständen immer wieder neu aufflammt, so kann dennoch festgehalten werden, dass subliminale Techniken im Werbealltag keine Rolle spielen. Weshalb man da so sicher sein kann? Ganz einfach: Keine große Marke könnte es sich erlauben, bei dem geheimen Einsatz solcher Methoden erwischt zu werden. Mit der Verwendung solcher Instrumente würde sie das Wertvollste aufs Spiel setzen, was sie besitzt: ihre Reputation sowie das Vertrauen der Verbraucher in „ihre Marke". Mit einer solchen Aktion wären all die jahrelangen, oft jahrzehntelangen Bemühungen des Markenaufbaus und der Markenpflege auf einen Schlag konterkariert. Kein großes Markenunternehmen würde dieses Risiko auf sich nehmen.

Doch das ist nicht das einzige Argument. Mindestens genauso schwer dürfte die Tatsache wiegen, dass die Wirkungskraft subliminaler Techniken wissenschaftlich höchst zweifelhaft ist. Übrigens soll sich bald nach Erscheinen von Packards Buch herausgestellt haben, dass die subliminalen Experimente, über die James M.

---

[10] Horst W. Brand: *Die Legende von den „geheimen Verführern"*, Weinheim 1978.

Vicary mit Packard gesprochen hatte, in dieser Form nie stattgefunden haben. Sie dienten lediglich als „Akquiseargument" für die
Gewinnung neuer Kunden.

Obwohl subliminale Methoden in der Praxis bislang nie in nennenswertem Maße zum Einsatz kamen, sie von nahezu allen Werbeverbänden geächtet wurden und ihr Wirkungsgrad als wissenschaftlich unbewiesen einzustufen ist, sind sie diskursstrategisch
nicht tot zu kriegen. Immer wieder geistert die Angst vor unterschwelliger Werbung durch die Debatte. Sicherlich versucht Werbung, psychologische Erkenntnisse für die eigene Arbeit zu verwenden. Und sicherlich nutzt Werbung die geheimen und weniger
geheimen Sehnsüchte der Menschen. Auch arbeiten Werbetreibende mit Momenten der Indoktrination. Doch nicht auf eine solch
plumpe Art, wie es der Mythos der unterschwelligen Werbung
glauben machen will. „Wir sollten uns klarmachen, dass Werbung
weniger mit Gehirnwäsche als vielmehr mit Verführung zu tun
hat",[11] schreiben folgerichtig die beiden kanadischen Philosophen
Joseph Heath und Andrew Potter.

Geheime Verwandtschaftsbeziehungen

Im Jahr 1964 kam es zu einem für die Geschichte des *Mindbomb*-
Konzepts bemerkenswerten Aufeinandertreffen von Gegenkultur
und Werbung. Eine frühe Sponti-Gruppe namens *Subversive Aktion*,[12] ein deutscher Ableger der *Situationistischen Internationalen*,
störte in der schwäbischen Autometropole Stuttgart den ruhigen
Ablauf des Jahreskongresses der Werbeleiter und Werbeberater.
Mit ihren provokativen und oft kabarettistisch lustigen Aktionen
hatte sich die Gruppe um Dieter Kunzelmann, der auch Rudi
Dutschke eine Zeit lang angehörte, bereits einen Namen gemacht.
Jetzt knüpften sich die Spaß-Guerilleros die Werbebranche vor:
„Aufruf an die Seelenmasseure" war das Flugblatt überschrieben,
das sie während des Kongressgeschehens über die Köpfe der Besucher in die Menge schleuderten.

---

[11]   Joseph Heath, Andrew Potter: *Konsumrebellen. Der Mythos der Gegenkultur*,
       Berlin 2005, S. 255.
[12]   Frank Böckelmann, Herbert Nagel (Hg.): *Subversive Aktion. Der Sinn der
       Organisation ist ihr Scheitern*, Frankfurt/M. 2002.

In etwas holpriger Sprache und eigenwilliger Rechtschreibung klagten die Spontis an: „ihr suggeriert den Leuten die Bedürfnisse ein, die sie nicht haben! Ihr stopft sie voll mit Produkten, damit sie sich ihrer wahren Bedürfnisse nicht bewusst werden! ... ihr habt die Lüge /consumo, ergo sum/ zur Wahrheit inthronisiert! Deshalb seid ihr die prediger der unterdrückung!"[13] Inhaltlich bewegten sich die Aktivisten der Subversiven Aktion damit ganz auf der konventionellen Linie der alten Linken, die in einer Mischung aus Angst und Verachtung auf Werbemacher und ihre Produkte blickten. Die Wertschätzung popkultureller Erzeugnisse, zu denen in besonderer und teilweise sogar stilbildender Weise Werbung zu zählen ist, war den bierernsten Vertretern der alten Linken noch vollkommen fremd. Erstaunlicherweise argumentierten auch Kunzelmann und Co. auf diesem Flugblatt ganz nach diesen alten Argumentationsmustern des Verblendungszusammenhangs: Filme, Comics, Fernsehsendungen, Reklame – all diese Erzeugnisse der „Kulturindustrie" verfolgten aus dieser Perspektive vor allem den Zweck, die unterdrückten Massen ruhig zu stellen.

Das eigentlich Interessante an diesem Auftritt ist deshalb weniger in diesen konventionellen Vorwürfen zu finden, als vielmehr in dem Umstand, dass sich hier Vertreter einer sich selbst „Situationistische Internationale" nennenden Bewegung und der Werbeindustrie erstmals real gegenüberstanden. Hier die freiheitsliebenden Subversiven, da die systemstabilisierenden Werber – vordergründig zwei antagonistische Blöcke, die in Wahrheit jedoch durch festere Bande miteinander verknüpft waren, als es beide Parteien wahrscheinlich bereit gewesen wären einzugestehen.

Wer war diese Gruppe, deren deutsche Vertreter sich den Werbe- und Kommunikationsfachleuten auf dem Stuttgarter Jahreskongress gegenüberstellten? „Die 1957 erstmals in Erscheinung tretende Situationistische Internationale wurde vage als eine paneuropäische Vereinigung größenwahnsinniger Ästheten und fanatischer Spinner wahrgenommen, von den Linken verachtet und von allen übrigen ignoriert", stellt Greil Marcus diese avantgardistische Künstlergruppe in lakonischen Worten vor.[14] Von gerade einmal

---

[13] Zitiert nach: Holm Friebe: „Branding the Revolution. Werbung ist keine Besonderheit des Kapitalismus. Über die Linke und ihr Marketing", in: *Jungle World*, 18.-21. April 2004.

[14] Greil Marcus: *Lipstick Traces. Von Dada bis Punk – Eine geheime Kulturgeschichte des 20. Jahrhunderts*, Reinbek 1996, S. 341.

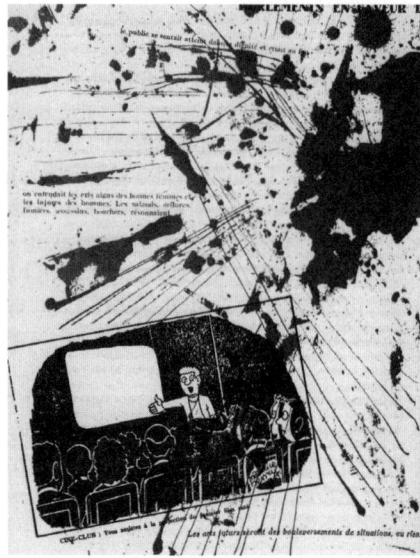

„Diejenigen werden siegen, die es verstehen, Unordnung zu schaffen." Eine Seite aus Guy-Ernest Debords Mémoires.

acht Frauen und Männern am 27. Juli 1957 in der italienischen Stadt Cosio d'Arroscia ins Leben gerufen, hatte sich die Gruppe einem erklärten Ziel verschrieben: der gesamten Gesellschaft den Kampf anzusagen, die zwar dabei war, materielle Not abzuschaffen, allerdings um den Preis des Verlustes der individuellen Autonomie. Primäre Angriffsziele der anarchistischen Künstler waren die Überflussgesellschaft, der Konsumismus und die Uniformierungstendenz der Moderne, die alles mit Gleichheit zu schlagen drohte.

Große Aufgaben für ein kleines Häuflein von Künstlern, möchte man meinen. Was an Masse fehlte, machte man jedoch durch Selbstbewusstsein wett. Im Zentrum der neuen Gruppe agierte ein damals fünfundzwanzigjähriger Pariser Bohemien namens Guy-Ernest Debord. Trotz – oder vielleicht wegen – seines jugendlichen Alters füllte er diese zentrale Position mit der ganzen Kraft seiner exzentrischen Persönlichkeit aus. Gleich nach Gründung der Gruppe verfasste er mehrere *Thesen über die kulturelle Revolution*, unter denen eine ganz besondere Bekanntheit erlangen sollte: „Diejenigen werden siegen, die es verstehen, Unordnung zu schaffen, ohne sie zu lieben."[15]

---

[15]   Zitiert nach: Greil Marcus: *Lipstick Traces*, Reinbek 1996, S. 55.

Ein programmatischer Satz, der die praktischen Aktionen der folgenden Jahre bereits vorwegnahm: *Diejenigen werden siegen, die es verstehen, Unordnung zu schaffen.* In Zukunft, so Debord, werde es darum gehen, die scheinbar alles dominierende Ordnung zu durchbrechen und immer wieder Momente der Aufmerksamkeit zu erzeugen, die dem „stahlharten Gehäuse" der verwalteten Welt kleine Risse zufügten. So weit, so gut. Bei einer Betrachtung dieser These darf allerdings der Nachsatz nicht unterschlagen werden: *Unordnung zu schaffen, ohne sie zu lieben.* Mit anderen Worten: Man musste bereit sein, Dinge zu tun, die man ebenso wenig zu mögen brauchte wie deren Ergebnisse. Mehr noch, die man nicht einmal mögen sollte.

Das Verschwinden der Wirklichkeit

Debord war ein fleißiger Schreiber. Noch im Gründungsjahr der Situationistischen Internationalen verfasste er einen „Rapport über die Konstruktion von Situationen und die Organisations- und Aktionsbedingungen der Internationalen Situationistischen Tendenz" sowie den handlungsleitenden Text „Vorschläge für ein Aktionsprogramm der Situationistischen Internationalen". Als sein Hauptwerk muss jedoch zweifellos das 1967 erschienene Buch *Die Gesellschaft des Spektakels* begriffen werden. „Das ganze Leben der Gesellschaften, in welchen die modernen Produktionsbedingungen herrschen, erscheint als eine ungeheure Ansammlung von Spektakeln. Alles, was unmittelbar erlebt wurde, ist in eine Vorstellung entwichen", heißt es darin.[16]

Der Schein bestimmt das Bewusstsein, könnte man diese Entwicklung zusammenfassen. Die Realität verschwindet hinter einer Kunstwelt aus Bildern und Zeichen. „Da, wo sich die wirkliche Welt in bloße Bilder verwandelt, werden die bloßen Bilder zu wirklichen Wesen und zu den wirkenden Motivierungen eines hypnotischen Verhaltens", schreibt Debord im schwer verständlichen Duktus französischer Sozialphilosophen.[17] Einfacher formuliert: Werbung, Fernsehen und Public Relations schaffen zwar eine Scheinwelt, diese Kunstwelt aber hat ganz reale Auswirkungen auf das Leben der Menschen.

---

[16] Guy Debord: *Die Gesellschaft des Spektakels*, Berlin 1996, S. 13.
[17] Ebd., S. 19.

Für Debord repräsentiert die moderne Gesellschaft diese Sozialität des Spektakels in totaler Form. Wobei betont werden muss, dass Debord an dieser Stelle auf einen verkürzten Begriff der Moderne rekurriert: Modernität bedeutet für ihn in erster Linie die Verschiebung des Schwerpunkts im kapitalistischen Wirtschaftssystem – weg von Produktion, hin zu Konsum, oder tiefenpsychologisch gesprochen: die tendenzielle Bedeutungsverschiebung vom echten Bedürfnis zum fiktiven Wunsch. „Das Spektakel ist das Kapital, das einen solchen Akkumulationsgrad erreicht hat, dass es zum Bild wird", fasst Guy Debord diese Verschiebung in seinen eigenen Worten zusammen.[18]

„Der Siegeszug des Spektakels bestand darin, dass zwar nichts wirklich zu sein schien, ehe es in dem Spektakel aufgetaucht war, es aber bereits in dem Moment seines Auftauchens jede Wirklichkeit einbüßte, die es besessen hatte", erläutert Greil Marcus.[19] Was nicht im kulturindustriell produzierten Spektakel auftaucht, wird schlichtweg nicht als „real" wahrgenommen. Gleichzeitig wirkt aber alles der realen Sphäre enthoben, das als Spektakel auf der Bühne erscheint.

Wie ist dieser Widerspruch zu verstehen?

Das einfachste Beispiel für diesen Mechanismus bietet der moderne Starkult. Ob bei Schauspielern, Sängern, Sportlern oder Politikern, der Mechanismus funktioniert immer nach dem gleichen Muster: Zunächst zielt alles Streben des Aufsteigers darauf ab, als Star wahrgenommen zu werden. Das exhibitionistische Treiben in dem seit geraumer Zeit grassierenden Fernsehformat der Casting-Shows führt diese Tendenz mit großer Lust am Voyeurismus vor Augen. Doch ab dem Moment, in dem eine Person tatsächlich als Star anerkannt wird, ändert sich alles von Grund auf. Die reale Person verschwindet. Alles was bleibt, ist das künstlich geschaffene *Alter Ego*, ein öffentlich verfügbares Wesen, ein Konglomerat von Verhaltenszuschreibungen und fiktiven Charaktereigenschaften, das lediglich die Körperhülle mit dem real existierenden Menschen teilt. Im Sprachduktus der Situationistischen Internationalen lautet dieses Phänomen: real Erlebtes und Erlebbares wird zunehmend durch seine Repräsentation ersetzt.

Es sind Erkenntnisse wie diese, die dafür sorgten, dass zahlreiche spätere Kritiker Guy Debords Buch als eines der ersten Werke

---

[18] Ebd., S. 27
[19] Greil Marcus: *Lipstick Traces*, Reinbek 1996, S. 103.

der Postmoderne *avant la lettre* bezeichneten. Und in der Tat deuten sich Begriffe wie Hyperrealität oder Auseinanderfallen von Zeichen und Bezeichnetem, wie sie später in Texten von Jean Baudrillard, Jacques Derrida oder Umberto Eco auftauchen, hier bereits an.

Der theoretische Einfluss einzelner Gedanken der Situationisten ist bis heute nachweisbar, während die praktische Relevanz der Gruppe eher als gering einzustufen ist. Als sich die Situationistische Internationale im Jahr 1972 auflöste, bestand der avantgardistische Kreis gerade noch aus einer Handvoll Personen. Die letzten verbliebenen Aktivisten wollten nicht an Erstarrung zugrunde gehen, so ihre Begründung. Sie wollten nicht zu lebenden Klischees verkommen, zu „Zeichen ohne Bezeichnetes", wie sie in gewohnt theoriegesättigter Art und Weise erläuterten.

In Wahrheit aber dürfte die Enttäuschung über das Scheitern der Studentenbewegung bei diesem Schritt eine nicht unwesentliche Rolle gespielt haben. Denn die revoltierenden Studenten in Berkeley, Berlin oder Paris hatten sich nicht nur von Debord und seinen Genossen inspirieren lassen, sondern zahlreiche Ideen und Versatzstücke der Situationistischen Internationalen aufgegriffen und in konkrete politische Praxis umzusetzen versucht. Allerdings ohne den erhofften Erfolg, wie wir alle wissen.

Die Notwendigkeit des Spektakels

Was bleibt? Weshalb lohnt es sich aus kommunikationswissenschaftlicher Sicht auch heute noch, fast vier Jahrzehnte nach ihrer Selbstauflösung, sich mit den Situationisten zu beschäftigen? Ganz einfach, weil sie (mindestens) zwei bis heute gültige Erkenntnisse formulierten: Erstens, dass es eines Spektakels bedarf, um in der modernen Gesellschaft des Spektakels überhaupt wahrgenommen zu werden. Und zweitens, dass dieses Spektakel unter den Bedingungen einer durch die Medien vermittelten Kunstwelt als *symbolische Aktion* inszeniert werden muss.

Wie ein solchermaßen inszeniertes Spektakel aussehen kann, beschreibt Theodore Roszak, der Chronist der Gegenkultur. Er stellt beispielsweise eine Gruppe New Yorker Hippies vor, die in den späten sechziger Jahren die Handelsräume der *New York Stock Exchange* stürmten und dabei Dollarscheine in Schnipsel zerrissen, die sie wie Konfetti um sich warfen. An einer anderen Stelle präsentiert er eine Anarchistengruppe namens *Cartoon Archetypal Slogan Theatre*, kurz CAST genannt. Diese jugendlichen „Casting-Anarchisten" eroberten 1968 das britische Militärdenkmal im Herzen der Londoner City. Als US-Soldaten verkleidet, beanspruchten sie das Monument für die amerikanische Regierung und zogen anschließend alle Passanten und Zuschauer zur US-Army ein, die sich während einer Kurzbefragung in positiver Weise zum Krieg in Vietnam geäußert hatten. Noch bevor die Polizei das Spektakel beenden konnte, transportierten die Aktivisten als krönenden Abschluss einen riesigen Gestellungsbefehl zum Regierungssitz in der Downing Street Nr. 10, auf dem der Name des damaligen Premierministers Harold Wilson geschrieben stand.[20]

Ihnen kommen diese Formen des Protests bekannt vor? Kein Wunder, schließlich sind sie längst aus den Reihen einer kleinen gegenkulturellen Avantgarde ins Basisarsenal unserer Demonstrationskultur übergegangen. Ob bei der „orangenen Revolution" in der Ukraine oder bei Protesten gegen das Weltwirtschaftsforum, immer sind Elemente des symbolischen Widerstands Kernbestandteile radikaler politischer Aktionen. In den späten sechziger Jahren stellte Roszak jedoch fest: „Die Radikalen der alten Schule rümpfen allerdings die Nase über solchen Firlefanz. Für sie ist Politik keinesfalls etwas, das Freude macht: Politik ist ein Kreuzzug, kein Karneval; harte Arbeit, kein Vergnügen."[21]

Zahlreiche arrivierte Intellektuelle und gestandene Linksradikale lehnten diese Form des Protests zunächst scharf ab. Dafür nahmen professionelle Werbefachleute diese Sit-ins, Go-ins und Happenings umso sensibler wahr. Alleine schon der legendäre Slogan der Situationistischen Internationalen traf den Nerv vieler Werber: „Langeweile ist immer konterrevolutionär."[22] Welcher Kreative würde das nicht sofort unterschreiben?

Eines der berühmtesten Beispiele, wie die Ästhetik der Revolte in kommerzielle Werbung überführt werden konnte, dürfte Charles Wilp geliefert haben. „Super-sexy-mini-flower-pop-op-cola – alles ist in Afri-Cola", ließ der ehemalige Schüler des surrealistischen Fotografen Man Ray in seinen Werbespots verlautbaren. Während sich attraktive Nonnen hinter einer vereisten Glasscheibe räkelten,

---

[20] Theodore Roszak: *Gegenkultur*, Düsseldorf, Wien 1971, S. 222-224.
[21] Ebd., S. 223.
[22] Zitiert nach: Greil Marcus: *Lipstick Traces*, Reinbek 1996, S. 52.

Vom Geist der Gegenkultur inspiriert: Charles Wilps Afri-Cola-Kampagne.

erklangen psychedelische Klänge. Ein Skandal! Es überraschte kaum jemanden, dass konservative Sittenwächter aufgebracht waren. Schnell wurden Forderungen nach einem Verbot laut, die jedoch Charles Wilps Afri-Cola-Kampagne nur noch populärer machten. „Wir hatten alle gegen uns, die etablierte Werbewirtschaft, einen Teil der Rundfunkanstalten, die katholische Kirche. Die hat auch prompt eine einstweilige Verfügung beantragt", erinnerte sich Wilp.[23]

Was für eine furiose Kampagne! Bis heute ist der „Afri-Cola-Rausch" ein stehender Begriff, obwohl man Unmengen der schwarzen Brause trinken müsste, bis man genügend Koffein zu sich genommen hätte, um tatsächlich rauschhafte Empfindungen zu erleben. Aber so funktioniert Werbung eben. „Der Mensch hat einen Heißhunger auf unrealistische Dinge", erklärte Charles Wilp sein Erfolgsrezept. Rex Weyler sollte wenige Jahre später in Bezug

---

[23] Charles Wilp: „Warum sollen Nonnen nicht Afri-Cola trinken?", in: *Die Welt*, 2. Oktober 2003

auf seine eigene Kampagnenarbeit von spirituellen Bedürfnissen
sprechen, vom „Mythos des gegenwärtigen Zeitalters", den es in
der Medienarbeit aufzugreifen gelte.

Die Techniken der Inszenierung eines Spektakels hatten Charles
Wilp und der Afri-Cola-Produzent Karl Flach offenkundig begriffen. Einmal soll Flach alle Elefanten des Circus Sarasani gemietet
haben, um sie über den Kudamm in Berlin zu treiben. Auf dem
ersten Elefanten der Horde sei Flach selbst gesessen und „Leute,
trinkt Afri-Cola!" von dort oben herunter gerufen haben. „Später
hat er dann eine Anzeige bekommen, weil die Elefanten die Bäume
kahl gefressen hatten. Das war unsere Messlatte: Wenn ich für ein
Anzeigenmotiv oder einen Spot keine Resonanz in Form einer
Anzeige oder einstweiligen Verfügung bekam, war das nichts
wert", sagte Wilp mit der ihm eigenen Ironie.[24]

Der gegenkulturelle Werkzeugkasten

Charles Wilp war nicht der erste Werber, der sich von radikalen
Strömungen des Zeitgeistes sichtbar beeinflussen ließ – und er ist
mit Sicherheit nicht der letzte. Wie Bob Hunter und Rex Weyler
sich beim Arsenal professioneller Marketingkommunikation be-
dienten, so greifen Werbetreibende aller Herren Länder immer
wieder in den theoretischen Werkzeugkasten kulturrevolutionärer
Bewegungen.

Naomi Klein beschreibt diesen Aneignungstrend in ihrem weltweiten Bestseller *No Logo!* am Beispiel der amerikanischen Krea-
tivagentur *Wieden & Kennedy*. „Die Agentur wurde von den beiden selbst ernannten ‚Beatnik-Künstlern' Dan Wieden und David
Kennedy gegründet. Deren Technik, ihr eigenes Gewissen zu be-
ruhigen, bestand offensichtlich schon immer darin, die Ideen und
Symbole der Gegenkultur mit sich in die Werbewelt zu schlep-
pen", so Klein.[25] Wenn man die Arbeiten der Agentur vor dem
geistigen Auge Revue passieren lasse, erlebe man ein „freudiges
Wiedersehen" mit zahlreichen Versatzstücken der Gegenkultur.
„Woodstock, die Beats, Warhols Factory, alles ist da. Mitte der
Achtzigerjahre gewann die Agentur Lou Reed für einen Honda-

---

[24] Ebd.
[25] Naomi Klein: *No Logo! Der Kampf der Global Players um Marktmacht*, Mün-
      chen 2001, S. 311.

*Gegenkultur oder kommerzielle Werbung? Blow-up-Poster von Apple
in den Straßen von San Francisco.*

Werbespot. Danach verwendeten sie die Beatles-Hymne ‚Revolution' in einem Spot von Nike und John Lennons ‚Instant Karma'
für einen weiteren derselben Firma. ... Sogar Jean Luc Goddard
drehte in ihrem Auftrag einen Werbespot für Nike Europa. Doch
das war noch nicht alles. Für einen weiteren Nike-Spot wurde William Burroughs' Gesicht in einen Minifernseher gesteckt.“[26]
   Der Unterton der Empörung ist nicht zu überhören.
   Da wagen es ein paar dahergelaufene Werber, einen regelrech-
ten Diebeszug durch die popkulturelle Welt der Gegenkultur zu
starten, und werden nicht einmal rot dabei. Es scheint, als ob Werbung und Marketing noch die „letzten freien Gebiete“ unseres Lebens zu kolonisieren versuche. Ganz in diesem Sinne zitiert Naomi
Klein die eindringlichen Worte Ursula Franklins, einer emeritierten
Professorin der Universität von Toronto: „Ich empfinde die Realität, in der wir leben, wie eine militärische Okkupation. Wir sind
besetzt, wie Frankreich und Norwegen im Zweiten Weltkrieg von
den Nazis besetzt waren, diesmal jedoch von einer Armee von

---

[26] Ebd., S. 311f.

Marketingfachleuten. Wir müssen unser Land von denen zurückfordern, die es im Auftrag ihrer globalen Herren besetzt halten."[27]

Leben wir tatsächlich unter der Herrschaft eines virtuellen Besatzungsregimes? Sind unsere politischen und wirtschaftlichen Freiheiten am Ende nur Bestandteile einer marketingtechnischen Simulation? Eine erschreckende Vorstellung. *Folge dem weißen Kaninchen*, ist man angesichts dieses alarmistischen Warnrufs zu denken geneigt. Und in der Tat speisen sich der philosophische Sci-Fi-Thriller *Matrix*, aus dem dieses Zitat stammt, und Warnrufe dieser Art aus den gleichen Quellen. Die Welt, in der wir leben, sei nicht real, so lautet das zugrunde liegende Theorem. Die gesamte Kultur, die gesamte Gesellschaft sei eine Art Wachtraum, eine technisch errichtete Simulation, um uns Menschen mittels permanenter „Ereignis-Berieselung" ruhig zu stellen und von unserer eigentlichen Bestimmung abzulenken. Und worin liegt diese Bestimmung? Ganz einfach: darin, ein freies, selbstbestimmtes und *authentisches* Leben im Einklang mit der Natur zu leben.

Folgt man dieser Diagnose, bleibt nur eine einzige Strategie des Widerstands: Wir müssen vollständig aus der herrschenden Kultur des materiellen Überflusses und der geistigen Verarmung – sprich aus der Matrix – aussteigen und sie quasi von außen bekämpfen. Mit anderen Worten, wir müssen eben jenen Schritt wagen, den Neo, Morpheus und Trinity uns in dem bildgewaltigen Hollywood-Blockbuster so eindringlich vor Augen führten.

Falls Sie das Gefühl haben, diese Gedankenfigur zu kennen, täuscht Sie Ihre Wahrnehmung nicht. Die allumfassende Matrix, so führen Joseph Heath und Andrew Potter aus, ist „eine Metapher für eine politische Idee, die bis in die sechziger Jahre zurückreicht. Ihren höchsten Ausdruck fand sie bei Guy Debord, dem inoffiziellen Führer der Situationistischen Internationalen, und bei seinem Adepten Jean Baudrillard."[28] Da sind sie also wieder, die Gesellschaft des Spektakels und ihr Entdecker. Wie bereits erwähnt, ist die Gruppe der Situationisten selbst vielleicht weitgehend in Vergessenheit geraten, doch sollte man keinesfalls den Fehler begehen, den fortwährenden Einfluss ihrer vielfältigen Gedankenspiele zu unterschätzen. Und das gilt sowohl für die Felder der *Counterculture* als auch für jene des so genannten *Mainstreams*.

---

[27] Ebd., S. 321.
[28] Joseph Heath, Andrew Potter: *Konsumrebellen*, Berlin 2005, S. 17f.

Der von den medienscheuen Brüdern Andy und Larry Wachowski inszenierte *Matrix*-Film, der gleichermaßen an der Kinokasse wie bei der Kritik erfolgreich war, kann übrigens seinerseits als mustergültiges Beispiel für die Aneignung gegenkultureller Elemente durch Marketing und Kulturindustrie begriffen werden. Nach dem überragenden Erfolg des Films wurde die Geschichte in den Kinoproduktionen *Matrix Reloaded* und *Matrix Revolutions* fortgesetzt – sowie in dem Animationsfilm *Animatrix*, den Computerspielen *Enter the Matrix* und *The Matrix: Path of Neo* sowie dem Online-Computer-Spiel *The Matrix Online*. Daneben konnten *Matrix*-Liebhaber Brillen, Kleidung und Actionfiguren im Stil ihrer gegenkulturell inspirierten Helden kaufen. Merchandising und Cross-Marketing steigerten die Erlöse der Filme noch einmal signifikant.

It's not creative unless it sells, hat David Ogilvy einst gesagt und damit die Zielrichtung vorgegeben.

Branding the Revolution

Müssen Werbung und Marketing nach diesen Erfahrungen also als umfassende Aneignungsmaschinerien begriffen werden, die in bester Jiu-Jitsu-Manier auch die Wucht direkter Angriffe umleiten und für eigene Attacken verwenden können? Die kurze und klare Antwort lautet: ja. Allerdings muss eingeschränkt werden, dass es sich dabei nur um die halbe Wahrheit handelt: „Weniger gut dokumentiert ist die Geschichte der progressiven Kräfte, die einerseits den Kapitalismus als Lebensform bekämpften, andererseits die neuen Möglichkeiten des Markenaufbaus emphatisch begrüßten. Dieser nur scheinbare Widerspruch zieht sich wie ein roter Faden durch fast alle revolutionären Avantgardebewegungen des 20. Jahrhunderts", schreibt Holm Friebe.[29]

In einem Artikel der linken Wochenzeitung *Jungle World*, der den bezeichnenden Titel „Branding the Revolution" trägt, führt Friebe aus, dass Werbung keineswegs eine ausschließliche Besonderheit des Kapitalismus darstellt. Schon die Dadaisten hätten zu Beginn des 20. Jahrhunderts ästhetische Formelemente und Me-

---

[29] Holm Friebe: „Branding the Revolution. Werbung ist keine Besonderheit des Kapitalismus. Über die Linke und ihr Marketing", in: *Jungle World*, 18.-21. April 2004.

thoden der Werbung übernommen und verfremdet. Kurt Schwitters, vom Dadaismus inspirierter Vater der „Merz-Kunst" und Gründer der „Merz-Werbezentrale", arbeitete zeitweise sogar direkt als Werbe- und Gebrauchsgrafiker, unter anderem für den Schreibwarenhersteller *Pelikan*. Als wegweisend muss selbstverständlich auch das *Bauhaus* begriffen werden, das nicht nur die Architektur und das Möbeldesign sondern im Rahmen einer eigenen „Reklamewerkstatt" auch die Werbegestaltung revolutionierte.

Besonderes Augenmerk legt Holm Friebe jedoch auf den belgischen Linksradikalen und Surrealisten Marcel Mariën. Im Jahr 1958, ein Jahr nach Gründung der Situationistischen Internationalen, veröffentlichte dieser ein schmales Büchlein, das den vielversprechenden Titel *Théorie de la révolution mondiale immédiate* trug. Erst drei Jahrzehnte später erschien es in deutscher Übersetzung als *Die Weltrevolution in 365 Tagen*. „Es war das erste Buch des Verlags, das groß in der FAZ besprochen wurde, aber die Leser konnten offensichtlich nichts damit anfangen. Niemand fühlte sich animiert, das Buch zu kaufen", erinnert sich Klaus Bittermann, der die deutsche Fassung in seinem Tiamat-Verlag herausgegeben hat.[30] Heute ist die kleine Auflage längst vergriffen und ein Nachdruck nicht in Sicht.

Was hat es mit Marcel Mariën auf sich? Sein Buch ist die Programmschrift einer klandestinen Weltrevolution, deren Besonderheit darin besteht, dass sie nicht mit den bekannten umstürzlerischen Instrumenten kommunistischer Bewegungen agiert, sondern mit modernen Techniken der Werbung und des Marketings. Die zentrale Basis dieser versteckten Subversion bestehe in einer nahezu vollständigen Anpassung an die Produktionsbedingungen des entwickelten kapitalistischen Systems: „Es kommt also darauf an, unser Personal als auch das Publikum davon zu überzeugen, dass wir ‚Geld machen', dass sich unsere gigantische Werbung bezahlt macht. Und tatsächlich, wir werden Geld machen, und das ist alles in allem unsere beste Tarnung."[31]

Um „Geld zu machen", schlägt Mariën die Gründung eines global agierenden Freizeitclubs vor, der mit den klassischen Instrumenten des Markenaufbaus in den Markt eingeführt werden soll:

[30] Klaus Bittermann: *Auf und Ab mit Tiamat. Kurzer Ausflug in die Verlagsgeschichte*, www.edition-tiamat.de (abgerufen am 22.5.07).

[31] Zitiert nach: Holm Friebe: „Branding the Revolution", in: *Jungle World*, 18.-21. April 2004.

der Club erhält ein prägnantes Logo, ein akustisches Branding-Signal und eine groß angelegte Kampagne. Mit dem Geld, das der Freizeitclub erwirtschaftet, soll anschließend eine Partei sowie gleichzeitig auch ihre Gegenpartei gegründet und finanziert werden. Dank der enormen finanziellen Ressourcen und des geschickten Umgangs mit allen Werbekanälen und Marketinginstrumenten erreichen die beiden scheinbar gegnerischen Parteien bei den nächsten Wahlen zusammen eine erdrückende Mehrheit, so Mariëns Plan. Ist die Mehrheit im Parlament gesichert, können beide Parteien ihre Masken fallen lassen, eine gemeinsame Regierung bilden und anschließend das Privateigentum an Produktionsmitteln abschaffen.

Als „Marxistisches Marketing" oder „Marketing-Marxismus" könnte man die Quintessenz dieser durchaus naiv anmutenden Geschichte bezeichnen. Als tragfähiger Plan zur Durchführung einer Weltrevolution dürfte sie dagegen kaum taugen – und war sicherlich von ihrem surrealistischen Autor auch nicht als solche konzipiert. Dennoch, und da ist Holm Friebe zuzustimmen, steckt in diesem Buch „mehr als ein Quäntchen Ernst". Es ist – nach Abzug aller Ironie – der Hinweis an linke und progressive Bewegungen jeglicher Couleur, nicht vorschnell auf die Instrumente und Techniken moderner Marketingkommunikation zu verzichten.

Auch wenn Marcel Mariëns Buch weitgehend ungelesen in die ewigen Jagdgründe des Bücherhimmels eingegangen ist, fand diese Erkenntnis ihren Weg in die gegenkulturellen *Communities* dieser Welt. Man denke beispielsweise an das zentrale Erkennungszeichen der Studentenrevolte der sechziger Jahre. Es dürfte kaum eine studentische Wohngemeinschaft gegeben haben, in der dieses „Logo der Rebellion" nicht in der Küche, dem Flur oder zumindest auf der Toilette hing: die Rede ist vom stilisierten Porträt Che Guevaras. Bis heute dient der weltberühmte Schnappschuss, mit dem der Fotograf Alberto Korda im Jahr 1960 den argentinisch-kubanischen Revolutionär für alle Zeiten festgehalten hat, als Grundlage für Poster, Fahnen, T-Shirts, Tattoos und Merchandising-Artikel jeglicher Art. Trotz der Implosion des Sowjetkommunismus – oder vielleicht gerade deswegen – scheint der Markenkern noch intakt zu sein. Es dürfte nur wenige Logos geben, die weltweit einen höheren oder wenigstens ähnlich hohen Bekanntheitsgrad aufweisen.

Der endgültige Sieg der Marketing-Maschine: Selbst Ernesto Che Gueva-
ra trägt inzwischen das „Logo der Rebellion" auf seinem T-Shirt.

Wir alle sind Marcos!

Das wahrscheinlich augenfälligere Beispiel für den zielgerichteten Einsatz von Techniken des Marketings in Diensten revolutionärer Bewegungen dürfte der Launch der Marke „Subcommandante Marcos" darstellen. Als die indigenen Guerilleros der EZLN – der *Ejército Zapatista de Liberación Nacional*, auf deutsch *Zapatistische Armee der Nationalen Befreiung* – am 1. Januar 1994 fünf Bezirkshauptstädte im mexikanischen Chiapas mit Waffengewalt besetzten, wirkte das Ganze zunächst wie die klassische Aktion einer weiteren klassischen lateinamerikanischen Befreiungsbewegung. Als vordergründiger Anlass diente das Inkrafttreten des Freihandelsabkommens zwischen den USA und Mexiko. Die tatsächliche Ursache lag jedoch in der himmelschreienden Armut und Benachteiligung der indigenen Bevölkerung.

So weit, so bekannt. Was die Weltöffentlichkeit dann allerdings zu sehen bekam, war ein Mann mit Skimütze, der nicht als Revolutionsführer, sondern als *Sub*commandante sprach. Ein Sprecher ohne Befehlsgewalt. Ein Mann, der über das Internet, das Fernsehen und die Zeitungen kommunizierte. Und seine Skimütze, das wurde schnell deutlich, diente dabei zu weit mehr als nur zur Maskierung. „Der geschickte Aufbau der Markenikone ‚Subcommandante Marcos' als charismatischer Vordenker einerseits, als anonyme Kollektividentität andererseits, verband das Bedürfnis nach Heroisierung und Projektion mit dem Bedürfnis nach Wiedererkennbarkeit und Identifikation", so Friebe.

Der Autor eines im März 1994 in einer mexikanischen Zeitung veröffentlichten Leserbriefs brachte dieses kommunikationstaktische Element auf den Punkt: „Sie haben uns den Glauben und die Hoffnung wiedergegeben. Ohne Maske wären Sie nur einer unter vielen. Mit der übergestülpten Skimütze bleiben Sie für immer der Mythos. Darum bitte ich Sie, Subcommandante Marcos, nehmen Sie die Maske nicht ab!"[32] Natürlich war dieses Bitten vollkommen unnötig gewesen, wusste doch Marcos selbst, beziehungsweise der oder die Personen, die ihn erschaffen haben, welche weitreichenden Funktionen die Maske erfüllte.

Das Spiel mit der Identität ist das zentrale Element der neugeschaffenen Kunstfigur. Und Marcos selbst – oder die Person, die

---

[32] Zitiert nach: Anne Hufschmid (Hg.): *Subcommandante Marcos. Ein maskierter Mythos*, Berlin 1995, S. 7.

unter seiner Maske auftritt – antwortete einmal auf die Frage nach seiner Identität: „Marcos ist ein Schwuler in San Francisco, ein Schwarzer in Südafrika, ein Asiat in Europa, ein Anarchist in Spanien, ein Palästinenser in Israel, ein Indio in San Cristóbal, ein Jude in Deutschland." Und auf die Frage nach seinem Alter ergänzte er: „Marcos ist 518 Jahre alt." Exakt so lange lag zum Zeitpunkt des Interviews die Eroberung Mexikos durch die spanischen Konquistadores zurück.

Modernes Marketing in revolutionären Diensten: Subcommandante Marcos und das mediale Spiel mit der Identität.

Selbst als der mexikanische Staatspräsident dreizehn Monate nach Ausbruch der zapatistischen Revolte die vermeintliche Identität der subversiven Ikone lüftete – es soll sich um einen eher bieder aussehenden Mann namens Rafael Sebastian Guillén Vicente handeln, der Philosophie studiert und als Universitätsdozent gearbeitet hat – konnte der Mythos Marcos damit nicht beschädigt werden. Die Demaskierung führte nicht zur Demontage. Im Gegenteil: „Auch ich bin Marcos!" und „Wir alle sind Marcos!" skandierten alsbald Demonstranten auf den Straßen Mexico-Citys und in anderen Teilen des Landes.

Marcos ist längst mehr als ein Mensch. „Eine Erscheinung, die sich fortwährend selbst inszeniert und gleichzeitig Projektionsfläche ist, Katalysator für totgeglaubte Utopien", erläutert Anne Hufschmid.[33] Marcos ist überall. Marcos organisiert den Widerstand im Hinterland. Marcos verhandelt mit der Regierung in der Hauptstadt. Marcos ist in Kämpfe verstrickt. Marcos gibt Interviews in westlichen Medien. Marcos veröffentlicht Kommuniqués im Internet. Marcos hält Vorträge vor Gewerkschaften. Marcos schreibt Bücher. Marcos wirbt auf Auslandsreisen um Solidarität. Marcos arbeitet mit den Indios auf den Feldern. Und Marcos beherrscht einige der wirkungsvollsten Waffen des 21. Jahrhunderts: die Medien, die Sprache, das Marketing und die Ironie.

Auf seine vermeintliche Demaskierung antwortete er, dass er „trotz der widrigen Umstände seinen Narzissmus nicht aufgeben mag: Ist denn der neue Subcommandante Marcos wenigstens gutaussehend? In letzter Zeit haben sie nur noch Hässliche enthüllt und ruinieren mir so die ganze weibliche Korrespondenz." Unterschrieben war diese *Botschaft aus den Bergen des mexikanischen Südostens* mit „Der Sub, der mit makabrer Koketterie seine Skimütze ausbessert". Revolutionäre Bekennerschreiben klangen früher irgendwie anders.

Längst ziert das Konterfei des maskierten Revolutionshelden, der alle und niemand sein könnte, T-Shirts, Poster und Schlüsselanhänger. Die Merchandising-Maschinerie läuft auf Hochtouren und besonders gut sollen Spielzeugpuppen des Subcommandantes gehen. Die Skimütze, darauf wird Wert gelegt, ist dabei fest mit der Puppe vernäht. Denn selbst im Kosmos der Spielzeugwelt darf das Spiel mit der Identität nicht aufgelöst werden.

Das Marketing der Revolte

Jugendprotest im Zeitalter des zum interaktiven Web 2.0 gewandelten World Wide Web führt, so scheint es, zum endgültigen Verschmelzen von Marketing und Gegenkultur. Als sich im Sommer 2005 in der albanischen Hauptstadt Tirana zahlreiche Delegierte von verschiedenen sozialen Bewegungen, Menschenrechts- und Studentenorganisationen aus 14 Nationen zu einem gemeinsamen

---

[33] Ebd., S. 8.

Workshop trafen, hätte das Ganze beim ersten Augenschein auch als Fortbildungsveranstaltung einer großen Werbeagentur durchgehen können.

Junge Menschen zwischen Anfang zwanzig und Mitte dreißig, manche in schwarzen Anzügen oder leichten Business-Kostümen, die meisten in Jeans und T-Shirts – und nahezu alle mit Laptops, Handys und PDAs ausgestattet. In den zahlreichen Gesprächsrunden und Meetings war immer wieder von Responserate, Branding, Identifikationswert, Budgetallokation oder Markenpflege die Rede. Doch bei dem „Produkt", das die jungen Medienprofis vermarkten wollten, handelte es sich weder um ein Anti-Schuppen-Shampoo noch um einen Diät-Softdrink. Ihr Produkt war nichts weniger als der politische Umsturz in ihren Heimatländern.

Drei Tage lang dauerte das *Activism Festival* in Tirana, drei Tage lang tauschten die jungen Aktivisten ihre Erfahrungen über den Sturz von Diktaturen, korrupten Regimes und den Kampf für Demokratie aus. Heimlicher Star der Veranstaltung war Ivan Marović, ein 31-jähriger Maschinenbauingenieur mit kurzgeschnittenem braunem Haar, den manche hier mit Che Guevara verglichen, obwohl er äußerlich ganz und gar nicht wie ein Revolutionär aussah. Aber Marović war einer der ehemals führenden Köpfe der serbischen Gruppe *Otpor*, die als entscheidende Kraft beim Sturz des Diktators Slobodan Milošević im Spätjahr 2000 galt, wofür ihr selbst die weit entfernte *New York Times* Anerkennung zollte.

„Wir haben von Coca-Cola gelernt: keine erfolgreiche soziale Bewegung ohne Marketing-Abteilung!", verkündete Marović in Tirana und führte anschließend mehrere zentrale Grundprinzipien aus.[34]

Widerstand müsse erstens zu einem kollektiven Lebensstil werden, der Spaß mache, der schick sei und auf diese Weise helfe, die unvermeidbaren Gefahren einer Revolte in Kauf zu nehmen. Man könnte dies als den Woodstock-Aspekt bezeichnen, der einzelne Aktivist wird Teil von etwas ganz Großem, von etwas, von dem er selbst noch seinen Enkelkindern erzählen könne.

Zweitens benötige man einen prägnanten Namen, der kurz und griffig transportiere, um was es gehe. Otpor beispielsweise bedeutet auf deutsch schlicht und einfach Widerstand.

---

[34] Die Zitate von Ivan Marović stammen im Wesentlichen aus: Anselm Weidner: „Revolutionen nach Drehbuch", in: *Deutschlandfunk*, 09.11.2005, als Internetveröffentlichung unter: www.dradio.de (abgerufen am 23.5.07).

Drittens sei ein aufmerksamkeitsstarkes Markenzeichen notwendig, eines wie das Otpor-Logo: die inzwischen längst legendäre stilisierte schwarze Faust auf weißem Grund, die von den Otpor-Anhängern tausendfach an Wände gesprüht, auf T-Shirts getragen oder auf Plakaten gedruckt wurde.

Viertens brauche man einen eingängigen Slogan mit hohem Identifikationswert – einen Claim, wie Werber dazu sagen. Bei Otpor lautete dieser Claim „Gotov Je" („Er ist fertig") und bezog sich auf das heruntergewirtschaftete Regime von Slobodan Milošević.

Fünftens müsse eine solche Kampagne dezentral organisiert sein – ähnlich dem Organisationsprinzip des World Wide Web. Es darf kein Zentralkomitee und keinen Vorsitzenden geben. Keinen zentralen Knotenpunkt. Weshalb? Ganz einfach: Ivan Marović selbst wurde dreimal von der Geheimpolizei verschleppt und siebenmal von der Polizei verhaftet. „Wenn sie mir was angetan hätten, wäre es mit unserer Bewegung trotzdem weitergegangen! Und deshalb fühlte ich mich sicher. Die Polizei wusste doch, dass sie nichts erreicht, wenn sie einen von uns aus dem Verkehr ziehen. Deshalb hat die Polizei dann ja auch aufgegeben", so Marović.

Sechstens könne eine solche Kampagne nicht ohne ein klar definiertes Ziel und eine durchdachte strategische Planung funktionieren. Wobei die Kommunikationsstrategie flexibel genug sein müsse, um jederzeit auf Aktionen der Regierung reagieren zu können. Als Milošević beispielsweise Otpor als ein Sammelbecken von „Kriminellen, Drogensüchtigen und Terroristen" bezeichnete, ließ Otpor Tausende von T-Shirts und Baseball-Kappen produzieren, auf denen unter dem Logo der Otpor-Faust „Ich bin ein Drogenabhängiger" oder „Achtung hier kommt ein Otpor-Terrorist" stand.

Damit wird ein letztes – unausgesprochenes – Grundprinzip deutlich: die nicht zu unterschätzende Kraft von Humor und Ironie. Nicht mit Gewalt, sondern mit Gelächter sollen die Despoten gestürzt werden. Und damit scheint eine weitere, oft verdeckte Verwandtschaftslinie auf: die zur Situationistischen Internationalen und deren teilweise dadaistischen Wurzeln. „Nutzt die Wirkung jeden Skandals, den ihr verursachen könnt, als Ausgangspunkt für

*Mit einem einprägsamen Marken-
zeichen gegen den Diktator: Logo
der serbischen Bürgerrechtsbewegung Otpor.*

euren nächsten Schritt", forderten einst die Situationisten während
der Anfangstage der Studentenrevolte der sechziger Jahre.[35]
    Dieser Ratschlag wird heute wieder gehört.
    Es ist zwar richtig, dass sich die „postmodernen Revolutionäre",
wie das Nachrichtenmagazin *Der Spiegel* diese gegenwärtige Generation junger Aktivisten nennt, „bei den Werbe- und Verkaufs-
praktiken der Multis umschauen und sich der Marketingtechniken
von Weltfirmen wie Coca-Cola, Nike oder Bill Gates' Microsoft
bedienen".[36] Aber eben nicht nur. Gleichzeitig nutzen sie das
reichhaltige Arsenal der Techniken des symbolischen Widerstands,
das die Geschichte der Gegenkultur bereithält.
    Ganz in diesem Sinne titelte das Hamburger Nachrichtenmaga-
zin auf der Coverseite mit der ihm eigenen Fähigkeit zur Zuspit-
zung: „Die Erben von Gandhi und Guevara: Europas friedliche
Revolutionäre." Noch treffender wäre wahrscheinlich: *Die Erben
von Gandhi und Gates.* Denn damit wären beide Ahnenlinien benannt gewesen.

Die Spur des Geldes

Am Beispiel des *Activism Festivals* in Tirana wird noch ein weiterer zentraler Aspekt dieser neuen Bewegungen deutlich: „Es ist ein
Treffen, beobachtet von den wichtigsten Geheimdiensten, der amerikanischen CIA, dem britischen MI6 und dem russischen SWR.

---

[35] Zitiert nach: Greil Marcus: *Lipstick Traces*, Reinbek 1996, S. 402.
[36] Renate Flottau u.a.: „Die Revolutions-Gmbh", in: *Der Spiegel*, 14.11.05,
      S. 180.

Sie wissen, dass hier Weichen gestellt werden", schreibt *Der Spiegel*. Bis hierhin ist das noch nichts Überraschendes. Auch in der Vergangenheit gab es immer wieder geheimdienstliche Versuche, subversive Gruppen zu unterwandern. Das Besondere wird im daran anschließenden Satz erkennbar: „Und zumindest die Amerikaner wollen die Teilnehmer hinter den Kulissen auch beeinflussen – schließlich haben ihre Steuerzahler die Veranstaltung zu einem großen Teil finanziert."[37]

Wie bitte? Das subversive *Activism Festival* soll zu einem großen Teil durch amerikanische Steuergelder finanziert worden sein? Statt mit Empörung wird auf diese Erkenntnis mit Schulterzucken reagiert. Auch von Vertuschung kann in keiner Weise die Rede sein. In der Tagungsbroschüre des Festivals wird ganz offiziell dem Sponsor *Freedom House* gedankt. *Freedom House* – „Haus der Freiheit" – klingt ja irgendwie auch gar nicht schlecht. Liest man die Selbstcharakterisierung, das so genannte „Mission Statement", dieser politischen Stiftung, die ihren Sitz in Washington, D.C. hat, so kann man auch hier absolut nichts Anrüchiges finden: „*Freedom House* ist eine unabhängige Nichtregierungsorganisation, die die Ausbreitung demokratischer Freiheit in der Welt fördert und unterstützt."[38] Wer wollte da etwas dagegen haben?

Gegründet wurde die politische Stiftung im Jahr 1941, unter anderem von der damaligen Präsidentengattin Eleanor Roosevelt – eine Nähe zum Weißen Haus, die *Freedom House* bis heute auszeichnen soll. Angeblich wird die politisch einflussreiche Stiftung zu etwa zwei Dritteln aus Geldern der US-Regierung finanziert. Dazu sollen Mittel verschiedener Stiftungen kommen, etwa der *Soros Foundation* des Spekulanten und Milliardärs George Soros.[39] Ob man angesichts dieser Finanzierungsgrundlagen beim *Freedom House* tatsächlich von einer unabhängigen Nichtregierungsorganisation sprechen kann, verdient sicherlich ein Fragezeichen.

Weitere Indizien nähren zusätzliche Zweifel an einer strikten Unabhängigkeit: „Zwischenzeitlich verstärkte sich für Kritiker der Verdacht, die Freiheitsideologen könnten eine Frontorganisation

---

[37] Ebd., S. 198.
[38] Mission Statement, in: www.freedomhouse.org (abgerufen am 24.5.07). "Freedom House is an independent non-governmental organization that supports the expansion of freedom in the world."
[39] Die Angaben stammen aus der Online-Enzyklopädie wikipedia.de: http://de.wikipedia.org/wiki/Freedom_House (abgerufen am 24.5.07).

der CIA sein: James Woolsey, Ex-Geheimdienstdirektor und als
Scharfmacher im Beraterstab des Verteidigungsministers Donald
Rumsfeld bekannt, wurde 2003 *Freedom-House*-Chef. Inzwischen
hat er seinen Schreibtisch wieder geräumt. Vielleicht weil ein
Mann mit dieser Biografie zu viel Schaden anrichtete", merkt *Der
Spiegel* an.[40]

Inzwischen leitet Peter Ackerman die politische Stiftung, ein
höchst erfolgreicher Finanzinvestor und Geschäftsführer der privaten Kapitalinvestmentfirma *Rockport Capital Incorporated*. Ihm
zur Seite steht unter anderem Stuart Eizenstat, der heute als Partner
bei *Covington & Burling* tätig ist, einer internationalen Großkanz-
lei mit 600 Anwälten und Niederlassungen in Washington, New
York, San Francisco, London und Brüssel. Zuvor diente Eizenstat
in verschiedenen Funktionen mehreren US-Präsidenten. Unter
Jimmy Carter beispielsweise wirkte er als Berater für Innenpolitik,
unter Bill Clinton als amerikanischer Botschafter bei der EU und
zuletzt als stellvertretender Finanzminister. Daneben hatte er in
den späten neunziger Jahren die Aufgabe eines Sondergesandten
übernommen, der sich für die Rückgabe geraubten jüdischen Ver-
mögens sowie für Entschädigungszahlungen an ehemalige Skla-
ven- und Zwangsarbeiter während der Zeit der NS-Diktatur enga-
gierte.

Freedom House ist eine der fünf aktivsten amerikanischen Organisationen, die sich der finanziellen und ideellen Förderung demokratischer Bewegungen in der Welt verschrieben haben. Neben
ihr engagieren sich die bereits erwähnte Privatstiftung *Soros Foundation*, die außenpolitische Stiftung der Republikanischen Partei,
das *International Republican Institute*, ihr demokratisches Gegen-
stück, das *National Democratic Institute*, sowie das hauptsächlich
vom US-Außenministerium finanzierte *National Endowment for
Democracy*.

Zahlreiche subversive Gruppen, vor allem in Ländern des ehemaligen Ostblocks, werden von diesen fünf Stiftungen materiell
und ideell unterstützt. Haben diese Aktivisten keine Probleme damit, Geld aus diesen Quellen anzunehmen? Ivan Marović von Otpor zuckt mit den Schultern – und ist mit dieser pragmatischen

---

[40] O.V.: „Der zweite Weg. Die amerikanische Stiftung Freedom House will der
Welt Demokratie beibringen", in: *Der Spiegel*, 14.11.05, S. 182.

Grundhaltung offenbar kein Einzelfall.[41] Sie brauchen Geld, ohne das sie ihre Arbeit nicht machen könnten, und von diesen Stiftungen bekommen sie die benötigten finanziellen Mittel. In ihrem Kampf gegen einen scheinbar übermächtigen Gegner sind sie für jede Form der Unterstützung dankbar, die sie bekommen können. Wo also liegt das Problem, schwingt unausgesprochen in Marovićs Geste mit.

Gemeinsam mit der amerikanischen Firma *BreakAway Games* und finanziell unterstützt von *Freedom House* hat Marović übrigens jüngst das Computerspiel *A Force More Powerful* mitentwickelt. Ein Strategiespiel, in dem die Spielerin oder der Spieler in die Rolle der Führungsperson einer politischen Bürgerrechtsbewegung schlüpft und verschiedene zum Teil sehr komplexe Entscheidungen treffen muss. Wann wird die zentrale Kundgebung veranstaltet? Wo wird die geheime Druckerei eingerichtet? Wann wird die illegale Webseite gelauncht? Welche Kommunikationswege werden eingerichtet? Wie wird auf Gewalt der Ordnungshüter reagiert? Ziel des Spiels: der Sturz eines totalitären Regimes. Wo auch immer auf dieser Welt.

Subversive Politik, virtuelle Welten, reale Gefahren, innovatives Marketing und Big Business – manchmal, so scheint es, lassen sich diese Sphären im Zeitalter des multimedialen Kapitalismus kaum noch auseinanderhalten.

Kinder der Freiheit

Oder ist diese Verwischung der Grenzen gar kein spezifisches Phänomen der neuesten Spielart des multimedialen Kapitalismus? Sind die Verbindungen zwischen gegenkulturellem Denken und guten Geschäften älter und umfassender als es auf den ersten Blick erscheint?

„Anders als die so genannten bürgerlichen Werte, die im Grunde die feudalen Normen imitieren, drücken die Werte der Hip-Kultur den Geist des Kapitalismus aus", schreiben Joseph Heath und Andrew Potter.[42] Die beiden kanadischen Philosophen haben es sich in ihrem Buch *Konsumrebellen* zur Aufgabe gemacht, den

---

[41] Vgl. dazu: Renate Flottau u.a.: „Die Revolutions-Gmbh", in: *Der Spiegel*, 14.11.05, S. 184.
[42] Joseph Heath, Andrew Potter: *Konsumrebellen*. Berlin 2005, S. 248.

„Mythos der Gegenkultur" zu entzaubern. Mit großer Akribie spüren sie den Spuren der *Counterculture* in der modernen Gesellschaft nach. Es ist ein buntes Potpourri, das sie anrühren – unter anderem bestehend aus Kurt Cobain, den Filmen *Matrix*, *American Beauty* und *Fight-Club*, der Psychoanalyse, Herbert Marcuse, psychedelischen Drogen, Michel Foucault, Guy Debord, Jean Baudrillard, der Nachfrage nach großen Geländewagen, dem Unabomber, der *Gap*-Textilkette, Globalisierungsgegnern, Antonio Gramsci – und natürlich Werbung.

Auch wenn sie manch richtige und teilweise sogar originelle Beobachtung machen, schießen Heath und Potter sicherlich über das Ziel hinaus, wenn sie schreiben: „Leider hat sich die Idee der Gegenkultur so tief in unser Gesellschaftskonzept eingeprägt, dass sie alle Aspekte des sozialen und politischen Lebens erfasst."[43] Ein geheimer Sieg der gegenkulturellen Rebellen also, der zwar einige Jahrzehnte zu spät, dafür jedoch auf der ganzen Linie erfolgte? Und zwar auf eine solch perfide Art und Weise, dass die Mehrheitsgesellschaft diese „ideologische Unterwanderung" gar nicht bemerkte? Das klingt nun wirklich ein wenig zu sehr nach jenen Verschwörungstheorien, die die beiden Philosophen ansonsten zu Recht so scharf kritisieren. Und auch ihre zweite zentrale These ist in der von ihnen formulierten Radikalität kaum haltbar: „Hippie-Ideologie und Yuppie-Ideologie sind ein und dasselbe. Es hat nie einen Gegensatz zwischen den gegenkulturellen Ideen der 60er-Rebellion und den ideologischen Erfordernissen des kapitalistischen Systems gegeben."[44]

Leistungsverweigerung, Abschaffung des Privateigentums an Produktionsmitteln, Aufbau von Kommunen, Enttechnologisierung des Lebens, Aufhebung der gesellschaftlichen Arbeitsteilung, antiautoritäre Erziehung, innere Entfaltung statt äußerer Pflichterfüllung – die Elemente dessen, was mit dem Oberbegriff „Hippie-Ideologie" versehen werden könnte, sind vielfältig und auch mit dieser schnellen Aufzählung nur kursorisch benannt. Dennoch wird bereits hier deutlich, wie groß die Unterschiede zur leistungsbejahenden, materialistisch eingestellten und bürgerlich individualistischen Yuppie-Kultur sind. Die Differenzen sind in einem solchen Maße offensichtlich, dass diese These eigentlich keiner weiteren Erläuterungen bedarf.

---

[43] Ebd., S. 28.
[44] Ebd., S. 15.

Wie kommen Joseph Heath und Andrew Potter dennoch zu dieser Aussage? Ganz einfach, sie greifen einige Aspekte dessen heraus, was sie „Hippie-Ideologie" nennen, und verabsolutieren sie. Sie richten ihren Fokus lediglich auf die Freiheitsliebe, den Nonkonformismus und die Abenteuerlust, die eben *auch* den Charakter der Hippie-Kultur ausmachen – und die in der Tat eine Verbindungslinie zur Kultur des Kapitalismus darstellen: „Der ruhelose, individualistische, freigeistige Bohemien entspricht in vieler Hinsicht weit mehr dem eigentlichen Geist des Kapitalismus – einer Ökonomie, in der man an einem Nachmittag ein Vermögen macht oder verliert, in der man die Kapitalströme mit einem Mausklick über den Globus schickt, in der das schnelle Geschäft nirgendwo Wurzeln schlägt und in der das Geld für alle gleich aussieht", so Heath und Potter.[45]

Liest man diese Zeilen, so klingt die Verbindung von Gegenkultur und Kapitalismus weit weniger abstrus als zunächst erwartet. Risikobereitschaft, die Lust an der Grenzverletzung und die Neigung, dem eigenen Spieltrieb freien Lauf zu lassen, sind Eigenschaften, die sowohl Kulturrebellen als auch Unternehmer auszeichnen können. Und in der Tat gibt es zahlreiche Beispiele dafür, wie aus ehemals revoltierenden Studenten erfolgreiche Manager wurden. Nicht nur, aber insbesondere in der Kommunikationsbranche. Der hochdekorierte Werbetexter Carlos Obers hatte beispielsweise bei Adorno und Habermas studiert, war Mitglied im *Club Voltaire*, arbeitete mit Daniel Cohn-Bendit in einem linken Buchladen und wusste sich damals nicht nur mit Worten zu verteidigen. Holger Jung, einem der beiden Gründer der berühmten Kreativschmiede *Jung von Matt*, soll in den späten sechziger Jahren bei einer Demonstration von der Polizei sogar der Arm ausgekugelt worden sein. Thomas Rempen, Inhaber von *Rempen & Partner*, bezeichnete sich während seiner Zeit als Kunststudent als „rote Bazille", die „mit Witz und Charme" den Aufstand zu proben versuchte.[46]

Das wahrscheinlich berühmteste Beispiel für die erfolgreiche Mischung aus gegenkulturellem Nonkonformismus, aggressivem Marketing und kapitalistischer Finesse dürfte jedoch jener Unternehmer bieten, der sich selbst noch als Milliardär in der Pose des

---

[45] Ebd., S. 248.
[46] Vgl. dazu: O.V.: „Deutschlands Kreativ-Köpfe in den 68ern", in: *Der Kontakter*, 19.2.01, S. 74.

freigeistigen Hippies inszeniert. Keiner kokettiert so offen – und so
erfolgreich – mit seinen gegenkulturellen Wurzeln wie der inzwischen zum „Sir" geadelte Richard Branson.

Business ist wie Rock ‚n' Roll

„Was macht der Mann eigentlich beruflich?", ist man geneigt zu
fragen, wenn man Richard Bransons Werdegang betrachtet. Ein
ordentliches Hochschulstudium hat er nicht absolviert. Auch be-
suchte er keine renommierte Business School, um sich von erfah-
renen Lehrern die Tricks und Kniffe des Cash-Flow-Managements
beibringen zu lassen. Statt dessen begibt er sich seit Jahren immer
wieder auf halsbrecherische Abenteuer. „Einmal versuchte er, mit
dem Schnellboot den Atlantik zu überqueren, und musste bei or-
kanartigen Winden aus der Irischen See gefischt werden. Danach
hat er zwei Anläufe gemacht, mit dem Heißluftballon um den Globus zu fliegen. Mehr als elfmal ist er dem Tod nur knapp entron-
nen."[47] Nebenbei – auch das muss erwähnt werden – wurde er
durch seine vielfältigen beruflichen Aktivitäten zunächst zum Millionär, dann zum Multi-Millionär und schließlich zum Milliardär.

Als er mit knapp 17 Jahren das vornehme englische Internat
Stowe verließ, verabschiedete ihn der damalige Schuldirektor mit
den Worten: „Herzlichen Glückwunsch, Branson. Meine Prognose
lautet, dass Sie entweder im Gefängnis landen oder Millionär werden."[48] Es waren Worte, die sich in die Erinnerung des jugendlichen Rebellen einbrannten. Noch Jahrzehnte später gab Branson
sie in seiner Autobiografie wider, die den doppeldeutigen Titel
Losing my Virginity sowie den ganz und gar unzweideutigen Un-
tertitel *Business ist wie Rock ‚n' Roll* trägt. Der Weg schien vorge-
zeichnet. Und tatsächlich hat Branson bereits als 15-Jähriger seinen ersten Business-Plan geschrieben, noch bevor er seinen Schul-
abschluss in der Tasche hatte.

Kaum aus dem Internat entlassen, setzte er seine fixe Idee in die
Tat um und gründete eine Studentenzeitschrift namens *Student*.

---

[47] John F. Jungclausen: „Der Mann als Marke", in: Uwe Jean Heuser, John F.
Jungclausen (Hg.): *Schöpfer und Zerstörer. Große Unternehmer und ihre Momente der Entscheidung*, Reinbek 2004, S. 258.

[48] Richard Branson: *Losing my Virginity. Business ist wie Rock 'n' Roll*, München
2005, S. 55.

Mit einer Mischung aus Frechheit und Naivität gelang es ihm, Autoren wie Jean-Paul Sartre, David Hockney oder Norman Mailer zu gewinnen. Außerdem Interviewpartner wie Mick Jagger oder John Lennon. *Student* wurde zu einem national erscheinenden Magazin und Branson zum ersten Mal zu einer öffentlichen Person.

Die erste Ausgabe des *Student* erschien im Januar 1968. Es war die Zeit der Studentenrevolte. Branson, obwohl kein Student, befand sich kulturell gesehen mitten im Geschehen. „Ich setzte mich leidenschaftlich für die Kampagne zur Beendigung des amerikanischen Engagements im Vietnamkrieg ein."[49] Er zog mit zahlreichen seiner Altersgenossen als Demonstrant durch die Straßen Londons und hielt gemeinsam mit den prominenten Studentenaktivisten Daniel Cohn-Bendit und Tariq Ali öffentliche Reden.

Mit acht, neun Freunden installierte er in einem leer stehenden Kirchengebäude im Londoner Westen die Redaktion des *Student*. „Wir arbeiteten alle ohne Lohn, lebten von dem, was wir im Kühlschrank fanden, oder aßen in billigen indischen Restaurants", erinnert sich Branson. „Wir sahen das Ganze eher als ein kreatives Projekt und weniger als Investition, die einen Gewinn abwerfen sollte." Funktionierte die Zeitschriftenredaktion demzufolge nach den Prinzipien einer klassischen Hippie-Kommune? Nicht ganz. „Natürlich wollten wir auch mit dem *Student* Geld verdienen: Wir brauchten es zum Überleben."[50] Und das unterschied dieses Projekt eben von vielen anderen dieser Zeit: die Zeitschrift sollte *auch* nach kapitalistischen Prinzipien erfolgreich sein, sie sollte Profit erwirtschaften.

„Weshalb auch nicht?", antwortete bereits der junge Richard Branson seinen Kritikern. „Obwohl ich gegen Vietnam war, stand ich bei anderen Themen nicht so leidenschaftlich politisch links wie die meisten meiner Mitdemonstranten. ‚Ich glaube, ich bin ein Linker', sagte ich zu einem Reporter vom *Guardian*. ‚Allerdings vertrete ich nur diejenigen linken Ansichten, die ich für vernünftig und rational halte.'"[51] Auf Unternehmertum und freie Marktwirtschaft wollte er dabei nicht verzichten. Und schon gar nicht auf jenes Instrument, das er früh als Schlüsseltechnik zum Wachstum seines Unternehmens erkannte: das Marketing.

---

[49] Ebd., S. 66.
[50] Ebd., S. 62 und 63.
[51] Ebd., S. 67.

Wirkungsvolles Marketing, davon war Branson überzeugt, fing mit einem einprägsamen Namen für die zunehmend sich ausdifferenzierenden unternehmerischen Aktivitäten an. Es musste ein Name gefunden werden, der mehr Zielgruppen ansprach, als der eng gefasste Zeitschriftenname *Student* es vermochte. Also rief er eines Abends Mitarbeiter und Freunde in der Gruft der ehemaligen Kirche zum Brainstorming zusammen. Es wurde getrunken, gelacht und geraucht. Und es wurden Namen in den Raum geworfen. Bis eine junge Frau gesagt haben soll: „Wir sind doch zu diesem Geschäft gekommen wie die Jungfrau zum Kinde. Wie wäre es mit *Virgin*?" Branson war begeistert. „Der Name passte. Er schockierte und kommerzialisierte damit den Zeitgeist der sechziger Jahre. Wichtiger noch, er bezeichnete ein Grundprinzip in Bransons Unternehmerkarriere. In jede seiner Unternehmungen stürzte sich Branson als Novize. Ob Platten oder Fliegerei, Branson verstand zunächst nichts von dem Geschäft", so John F. Jungclausen.[52]

Aber was Branson an Fachwissen fehlte, machte er mit seinem guten Riecher für Marktlücken wett. Und, was ebenso wichtig war, mit dem Mut, auch tatsächlich in diese Lücken zu gehen und das damit verbundene unternehmerische Risiko zu tragen. „Bei uns lief der Plattenspieler nonstop, und alle kauften sich unmittelbar nach der Veröffentlichung die neuesten Alben der Rolling Stones, von Bob Dylan oder Jefferson Airplane. Musik löste große Begeisterung aus: Sie war politisch, anarchisch und symbolisierte den Traum der Jugend, die Welt zu verändern", so Branson.[53] Also beschloss er, ins Musikgeschäft einzusteigen. Zunächst mit einem Versandhandel für Pop- und Rock-Schallplatten. Bald erweiterte sich der reine Posthandel zu einer Ladenkette: *Virgin Records* war geboren.

Doch damit nicht genug. Irgendwann fing Branson an, darüber nachzudenken, selbst Musik zu produzieren. Also gründete er ein eigenes Label. Der erste Künstler, dessen Songs er auf den Markt brachte, war ein unbekannter Komponist, der gemeinsam mit seiner Schwester esoterisch angehauchte Instrumentalmusik aufnehmen wollte. Kein großes Label war bereit gewesen, diese eigenartigen Lieder zu produzieren, zumal der schüchterne und öffentlichkeitsscheue Musiker nicht gerade über Rockstar-Qualitäten zu verfügen schien. *Virgin* bezahlte den beiden 20 Pfund pro Woche

---

[52]   John F. Jungclausen: „Der Mann als Marke", S. 259.
[53]   Richard Branson: *Losing my Virginity*, München 2005, S. 79.

und schickte sie ins Studio. Ach ja, der Name des musizierenden Geschwisterpaars lautete Sally und Mike Oldfield. Die Platte hieß *Tubular Bells* und wurde zum Mega-Bestseller. Mike Oldfield zum Weltstar. Und *Virgin Records* zu einem ernstszunehmenden Unternehmen.

Nach diesem ersten internationalen Erfolg produzierte Bransons Label weitere Musiker, die Geschichte schrieben, die *Sex Pistols* oder Phil Collins beispielsweise, aber man kann ohne Übertreibung sagen, dass es Mike Oldfields *Tubular Bells* war, das den finanziellen Grundstein für den späteren Mega-Konzern legte, in den sich *Virgin* verwandelte. Immer wieder schlidderte Bransons verzweigtes Unternehmen zwar in den folgenden Jahren in eine Krise, stand das eine oder andere Mal am Rande der Zahlungsfähigkeit, um doch jeweils rechtzeitig durch eine Erweiterung der Geschäftsfelder einen neuen Wachstumsschub zu erhalten.

„Die Rockindustrie ist ein Paradebeispiel für Kapitalismus in seiner grausamsten Form", sagte Branson nicht ohne Grund.[54]

Die stärkste Waffe im Business-Krieg

Im Jahr 1984 überstieg *Virgins* Konzernumsatz erstmals die Marke von 100 Millionen Pfund. Viel Geld für neue Herausforderungen. „Ein Teil meiner Persönlichkeit treibt mich, neue Abenteuer zu wagen und immer wieder meine Grenzen zu suchen. Bei genauerem Nachdenken würde ich sagen, dass ich in meinem Leben so viele Erfahrungen wie nur möglich machen möchte."[55] Also gründete Branson *Virgin Atlantic*, eine Airline, die eine der profitabelsten Strecken des internationalen Luftverkehrs fliegen sollte: die Nordatlantik-Route. Richard Branson war zu diesem Zeitpunkt übrigens noch keine 34 Jahre alt und verfügte über keinerlei Erfahrungen, wie man eine Fluglinie leitete.

Mit billigen Tickets und zunächst nur einem einzigen Flugzeug forderte *Virgin Atlantic* den Giganten *British Airways* heraus. Dieser reagierte sogleich mit der ganzen Macht eines angegriffenen Monopolisten. „Die Schlacht zwischen *Virgin* und *BA* wurde zum Duell zwischen den beiden Chefs, Lord King und Branson. Der eine warf dem anderen miese Geschäftstricks vor, dieser wiederum

---

54 Ebd., S. 86.
55 Ebd., S. 219.

unterstellte Branson Drogenkonsum und Bordellexzesse", so Jung-clausen. „Zusätzlich erregte der Fall so viel öffentliche Aufmerk-samkeit, wie sie kein noch so üppiges Werbebudget je erzielt hätte. Der Lord gegen den Hippie – die Zeitungen produzierten Traum-schlagzeilen."[56]

Marketing, Werbung und PR waren Bransons stärkste Waffen in diesem Business-Krieg zweier ungleicher Kontrahenten. Im Jahr 1991 „enterte" Branson beispielsweise den Flughafen Heathrow. Neben den *British-Airways*-Tafeln ließ er von seinen Leuten Schil-der mit der Aufschrift „*Virgin*-Territory" aufstellen. Ein eigens für dieses Event gemieteter Kran legte sanft eine rote Flagge auf die Heckflosse der dort geparkten Concorde, eine Fahne, auf der das *Virgin*-Logo prangte. Branson selbst stürmte als Pirat verkleidet, mit Augenklappe, Krummsäbel und Papagei auf der Schulter, vor den Augen der eingeladenen Pressevertreter und zahlreicher Schaulustiger über den Flugplatz.

„Ich hatte mich als Pirat verkleidet, weil Lord King mich als solcher bezeichnet hatte", erläuterte Branson den Hintergrund die-ser Aktion. „Seiner Meinung nach ‚raubte' ich ihm Flugrouten und Umsätze, die von Rechts wegen *British Airways* zustanden."[57] Also tat Branson das, was er bereits während der Zeit der Studentenre-volte gelernt hatte. Er inszenierte eine Aktion, die Aufmerksamkeit erzeugte, die eindrucksvolle Medienbilder produzierte und die den Gegner der Lächerlichkeit preisgab. „Ich schottete lediglich meine Familie immer von der Presse ab. Ansonsten war ich zu allem be-reit, um *Virgin* ein deutlicheres Profil zu geben: Werbung war ein Schlüssel zu unserem Wachstum. Wenn es also der Fluglinie half, dass ich mich mit einer alten Pilotenbrille in den Schaum einer gefüllten Badewanne legte, tat ich das gerne", gab Branson unum-wunden zu.[58]

Der Kampf zwischen *Virgin* und *British Airways* wurde mit al-len Mitteln geführt, die zur Verfügung standen. Auch juristische Auseinandersetzungen gehörten dazu. Schließlich forderte die of-fen ausgefochtene Rivalität eines der größten Opfer von Branson, das er nur widerwillig bereit war zu geben. Um die Liquidität sei-nes Konzerns zu sichern, musste Branson jenes Unternehmen ver-kaufen, dem er seinen gesamten Aufstieg verdankte. Um eine dro-

---

[56] John F. Jungclausen: „Der Mann als Marke", S. 262.
[57] Richard Branson: *Losing my Virginity,* München 2005, S. 351.
[58] Ebd., S. 236.

Vom Hippie zum Milliardär: Richard Branson, Meister des gegenkulturell inspirierten Marketings, präsentiert die neue Virgin-Cola.

hende Insolvenz abzuwenden, übertrug er *Virgin Music* an den großen Konkurrenten *Thorn EMI*. Der Kaufpreis betrug eine Milliarde Dollar beziehungsweise 560 Millionen englische Pfund.

Jetzt war Richard Branson endgültig ein gemachter Mann und seine Kriegskasse für die Auseinandersetzung mit *BA* prall gefüllt. „Unternehmertum ist eine Lebensweise", sagte er einmal. „Ein Geschäft muss einen persönlich berühren; es muss Spaß machen und die Kreativität anregen."[59] Keine Frage, Branson ist ein Meister der Selbstinszenierung und ein Virtuose des gegenkulturell inspirierten Marketings. Als er mit seiner *Virgin Cola* die beiden Marken-Riesen *Coca-Cola* und *Pepsi-Cola* attackierte, ließ er mitten auf dem Times Square in New York einen echten Panzer auffahren, der über und über mit Dosen der neuen Cola-Marke bestückt war. Auf dem Panzer saßen verkleidete Soldaten, in knappe *Virgin*-T-Shirts gekleidete Mädchen – und Richard Branson in schwarzer Fliegerjacke, der stolz die Finger zum Victory-Zeichen gespreizt hielt. Die Kriegserklärung war unmissverständlich.

Mit dem gewaltigen Erlös aus dem Verkauf von *Virgin Music* konnte Branson seinem Expansionsdrang und seiner Experimentierlust freien Lauf lassen. „Vor uns liegt viel ‚*Virgin* Territory'", antwortete Branson auf die Frage, wo die Grenzen seiner Unter-

---

[59] Ebd., S. 197 und 62.

nehmertätigkeit lägen und ob er den Markennamen nicht über alle Maßen beanspruchte. „In schöner Regelmäßigkeit wird mir unter die Nase gerieben, dass kein anderes Unternehmen der Welt seinen Namen für eine derart bunte Palette von Produkten und Firmen hergebe. Die Menschen, die diese Argumente vorbringen, haben völlig Recht – und ich bin stolz darauf."[60]

Virgin Cola, Virgin Holidays, Virgin Cargo, Virgin Pubs, Virgin Cinemas, Virgin Brides, Virgin Energy, Virgin Bank, Virgin Cars – was all diese verschiedenen Geschäftsfelder eint, sind der einheitliche Name, das einheitliche Logo, das Gesicht ihres Chefs und der Ruch des antiautoritären Nonkonformismus, der bewusst von der Marke *Virgin* verströmt wird. Selbst bei *Virgin Direct*, einem Vertriebsunternehmen für Lebensversicherungen scheint diese Masche zu funktionieren. „Der Rebell in mir amüsiert sich auch im Stillen darüber, dass der Mann, der der Welt die *Sex Pistols* brachte, sich nun um die Altersvorsorge kümmert."[61]

Und damit schließt sich der Kreis.

Provokation und Profit

In der Tat liegt mehr als nur ein bisschen Ironie in der Tatsache, dass Branson „der Welt die *Sex Pistols* brachte". Obwohl Richard Branson keineswegs der Entdecker der legendären Punkrocker war, muss man ohne Zweifel anerkennen, dass ihm die Ehre gebührt, ihnen den Weg ins Rock-Business geebnet zu haben.

Zunächst standen die *Sex Pistols* bei Bransons großer Konkurrenz EMI unter Vertrag. Der Plattengigant produzierte auch deren ersten Song, der den beziehungsreichen Titel „Anarchy in the U.K." trug. Doch EMI nahm die Platte genau zu jenem Zeitpunkt vom Markt, als sie anfing, ein Publikum zu finden. Der Grund: Ein Band-Mitglied der *Sex Pistols* hatte vor laufenden Fernsehkameras das Wort „Fuck" in den Mund genommen. Damals genügte das noch, um einen landesweiten Skandal zu provozieren. EMI rief die bereits ausgelieferten Platten zurück und schmolz sie ein.

Auch dem zweiten Song, „einer dreiminütigen Randale gegen das silberne Kronjubiläum von Elizabeth II." (Greil Marcus), war zunächst wenig Erfolg beschert. Zuerst sollen sich patriotische

---

[60] Ebd., S. 451 und 450.
[61] Ebd., S. 454.

Arbeiter geweigert haben, die Single „God Save the Queen" zu pressen, dann vernichtete A&M, die zweite Plattenfirma der Band, die wenigen produzierten Exemplare noch vor deren Auslieferung. Die Sache war den Musikmanagern wohl doch zu heiß.

Jetzt erst trat Richard Branson auf den Plan. Wie so oft schlug er alle Bedenken in den Wind und ließ seiner Lust an der ökonomisch profitablen Provokation freien Lauf. „Als *Virgin*, das dritte Label der Sex Pistols, die Platte endlich veröffentlichte, wurde ‚God Save the Queen' aus den BBC-Charts gestrichen und stand als weißer Fleck an der Spitze der Hitparade, was zu der bizarren Situation führte, dass die beliebteste Schallplatte des Landes ‚illegal' war", schreibt Greil Marcus.[62] Die Presse schürte eine moralische Panik, was die Auflage noch zusätzlich steigerte – Branson kannte diese Mechanismen bereits und wusste sie bestens zum eigenen Vorteil zu nutzen.

Die *Sex Pistols* waren laut Greil Marcus „ein Ereignis, das weltweit die Popmusik veränderte. Der von ... Johnny Rotten geschriebene Song destillierte, in kruder poetischer Form, eine Kritik der modernen Gesellschaft, wie sie einmal von einer kleinen in Paris beheimateten Gruppe von Intellektuellen aufgestellt worden war. 1952 als Lettristische Internationale gegründet, wurde die Gruppe auf einer Konferenz der europäischen Avantgarde als Situationistische Internationale neugegründet und erregte während der französischen Revolte im Mai 1968 am meisten Aufmerksamkeit, als die Prämissen ihrer Kritik, zu groben poetischen Slogans verarbeitet, auf die Mauern von Paris gesprayt wurden."[63]

Die Ironie der Geschichte

Damit sind wir am Ende dieses kurzen kulturgeschichtlichen Abrisses gegenkulturell inspirierter Werbung angelangt – und bei der besonderen Ironie dieser Geschichte: Ausgerechnet Richard Branson, dem mit Abstand erfolgreichsten gegenkulturell inspirierten Marketing-Mann des 20. Jahrhunderts, ist es zu verdanken, dass einer erstaunten Öffentlichkeit jene Punkrock-Band nicht vorenthalten wurde, in der die eigenartigen und weitreichenden Erkennt-

---

[62] Greil Marcus: *Lipstick Traces*, Reinbek 1996, S. 15 und 16.
[63] Ebd., S. 22 und 23.

nisse der Situationistischen Internationalen bis zum heutigen Tag auf besonders brachiale Weise konserviert sind.

Einerseits war es, wie so oft bei Branson, eine Form der gezielten Provokation, die für ordentlich Profit sorgen sollte. Auf der anderen Seite verweist dieser Umstand jedoch auf einen tieferliegenden Aspekt: Zwar hatte sich die Situationisten-Gruppe um Guy Debord bereits aufgelöst, doch ihre Gedanken lebten und wirkten weiter. Und zwar auf verschiedenen Gebieten. Zum Teil in der provokativen Musik von Bands wie den *Sex Pistols*, zum Teil in den Protestformen spontanaktivistischer Gruppen wie Otpor und zu einem anderen Teil schließlich in den höchst erfolgreichen Formen gegenkulturell inspirierter Werbekampagnen. Kurz: Die Gedanken der Situationisten wirken bis heute in dem, was Bob Hunter und Rex Weyler *Mindbombs* nannten. Und bei dem historischen Zusammentreffen von Branson und den *Sex Pistols* kreuzten sich deren verschiedene Traditionslinien auf prägnante Weise.

Werbung und Gegenkultur, so viel dürfte inzwischen klar sein, verhalten sich keineswegs jederzeit wie Feuer und Wasser. Im Gegenteil: Der Grenzverkehr zwischen *Counterculture* und *Mainstream* fließt zuweilen rege – und verläuft durchaus in beide Richtungen.

KAPITEL 2
DIE SUGGESTIVE KRAFT
DER PROVOKATION

Heinz Suhr sorgte als erster Pressesprecher der Grünen für zahlreiche mediale Schlaglichter und gehörte zu den ersten Bundestagsabgeordneten der jungen Öko-Partei. Heute leitet Suhr eine TV-Produktionsfirma, dreht für das Fernsehen Reportagen und organisiert alljährlich den internationalen Bonner Presseball.

ZIEMLICH BUNT
FÜR DIESES GRAUE HAUS

Bonn. Im Jahr 1983 zieht eine bunte Menschenmenge lärmend durch die westdeutsche Hauptstadt. Die Grünen haben zum ersten Mal den Sprung in den Bundestag geschafft. Ihren Einzug ins Parlament inszenieren sie als mediales Spektakel. Ihr Symbol ist die Sonnenblume. Ihr Ziel die Republik zu verändern.

So war noch keine Fraktion in den deutschen Bundestag eingezogen. Laut lachend und im Takt der Trommeln marschierend, zogen die zukünftigen Abgeordneten gemeinsam mit Freunden und Sympathisanten zum Parlamentsgebäude. Sie trugen abgestorbene Bäume auf ihren Schultern, wedelten mit Zweigen oder Sonnenblumen. Es war die Zeit des Waldsterbens und des sauren Regens. Wir befinden uns im Frühjahr 1983 und die Grünen sind im Zentrum der deutschen Politik angekommen.

Einen solchen Politikertypus gab es bislang im beschaulichen Bonn nicht zu begutachten: Männer in groben Alpaka-Pullovern, Frauen in Latzhosen. Schnell wurde klar, dass hier weit mehr ins Parlament einzog, als nur eine neue Fraktion. Turnschuhe, lange Bärte und ein schnoddriger Tonfall. Es war eine Kraft, die das gesamte bestehende System in Frage stellen wollte. Ein Partei, die sich als Gegenbewegung verstand, als Anti-Partei zum bestehenden Parteiensystem. Die neuen Abgeordneten versuchten, das bei möglichst vielen Gelegenheiten auch gestenreich und symbolkräftig zum Ausdruck zu bringen.

Auf die Frage, ob er sich noch an den Tag des Einzugs erinnert, schmunzelt Heinz Suhr: „Selbstverständlich, schließlich war ich damals nicht nur dabei, sondern habe den Einzug inszeniert. Die ganze Geschichte mit Pferdekutschen, Samba-Trommeln, vom sauren Regen betroffenen Tannenzweigen und Vertretern der internationalen Ökologie- und Friedensbewegung. Eine Nonne, die unseren Einzug begleitet hat, sagte damals treffend: ‚Ziemlich bunt für dieses graue Haus.'"

Eine Einschätzung, die dem Organisator sichtlich gefällt. Doch wie haben die Vertreter der anderen Fraktionen reagiert? Suhr braucht nicht lange zu überlegen: „Für die war das natürlich eine Ohrfeige."

Heinz Suhr ist inzwischen ein gereifter Mitfünfziger. Der stämmig gebaute Mann mit dem graumelierten, kurzgeschnittenen Vollbart trägt bevorzugt Anzug und Schlips. Wie ein Sponti sieht der Medienmacher beileibe nicht aus. Aber das tun die meisten seiner ehemaligen Weggenossen ja auch nicht mehr. Joschka Fischer, Otto Schily, Antje Vollmer, um nur einige zu nennen, bevorzugen allesamt inzwischen feineren Zwirn. Weshalb sollte gerade der Medienmann Suhr da eine Ausnahme bilden?

Auch die gesamte Partei der Grünen hat sich schließlich längst von einer basisdemokratischen Alternative zur staatstragenden Regierungspartei gewandelt. Von 1998 bis 2005 war sie Teil der Regierungskoalition, verabschiedete Sparpakete und trug Kriegseinsätze der Bundeswehr mit. „Das Interessante dabei ist, dass einige der heftigsten Verfechter von Rotation und Basisdemokratie noch Jahrzehnte später in Amt und Würden waren. Man hat ja gesehen, wie Antje Vollmer sich als Bundestags-Vizepräsidentin um den Bezug zur Basis kümmerte." Suhr beginnt laut zu lachen. Sein rheinischer Humor bricht sich Bahn. Es dauert ein paar Momente, bis er sich wieder im Griff hat und weitersprechen kann. „Aber es ist immerhin ein Zeichen für die Durchlässigkeit unserer Gesellschaft, dass es ein Taxifahrer und Ex-Sponti zum Außenminister schafft."

Klingt da Enttäuschung durch? „Nein, nicht nur. Ich glaube schon, dass die Grünen das emanzipatorische Element in der Politik gestärkt haben. Das war ja neben der ökologischen und der Abrüstungsfrage das Wichtigste", setzt Suhr an. „Die Funktion der Grünen bestand darin, für eine Entstaubung in Deutschland zu sorgen, für eine Modernisierung des gesamten Regierungsapparats." Keine Frage, der Mann ist mit sich und seiner Vergangenheit im Reinen. So spricht ein Grünen-Politiker der ersten Stunde, der zwar nicht mit allen späteren Entwicklungen seiner Partei einverstanden war, der aber die Notwendigkeit und Berechtigung dieses Projekts auch heute noch anerkennt.

Heinz Suhr sorgte als erster Pressesprecher der jungen Öko-Partei für zahlreiche mediale Schlaglichter und profilierte sich als Bundestagsnachrücker von Joschka Fischer vor allem als realpolitischer Kopf und Haushaltsexperte der Grünen.

Als Bundestagsnachrücker?

So war noch keine Fraktion in den Bundestag eingezogen: Die junge Partei der Grünen im Jahr 1983 auf dem Weg ins Parlament.

Die Figur des „Nachrückers" hängt mit der Idee der Rotation zusammen. Unter der antiautoritären Maßgabe „Keine Macht für niemand" teilten sich damals zwei Grüne jeweils ein Mandat. In der Mitte der Legislaturperiode zog sich der erste Abgeordnete zurück, so dass der zweite nachrücken konnte. Das war die Theorie. In der Praxis zeigte sich jedoch gleich zu Beginn, dass dieses hehre Prinzip Ausnahmen kannte. Ausgerechnet das grüne Vorzeigepaar Petra Kelly und Gert Bastian weigerte sich, den Beschlüssen ihrer Partei zu folgen und ihre Mandate jeweils einem Nachrücker zur Verfügung zu stellen. Auch ansonsten erwies sich das Prinzip der Rotation als wenig praxistauglich und wurde alsbald wieder abgeschafft.

Wenn Suhr an Prinzipien dieser Art zurückdenkt, schüttelt er den Kopf. Überhaupt waren die endlosen Debatten über innerparteiliche Befindlichkeiten seine Sache nicht. Er verstand sich eher als Macher, als einer, der wusste, wie man sich mit gezielten Provokationen in Szene setzte. Den damaligen Finanzminister Gerhard Stoltenberg nannte er beispielsweise „Finanzminister Schuldenberg" – eine Wortspielerei, die ihre Wirkung nicht verfehlte. Er kümmerte sich um den Kontakt zu den Medien und inszenierte „grüne Nachrichten". Eine Tätigkeit, der er in gewandelter Form auch nach dem Ausstieg aus der Politik treu geblieben ist. Heute leitet Suhr eine TV-Produktionsfirma, dreht Reportagen für das Fernsehen und organisiert alljährlich den internationalen Bonner Presseball.

Ein Leben abseits des Medien-Business kann er sich nicht mehr vorstellen. „Franz Josef Strauß meinte einmal, die Grünen seien die Kinder des Fernsehzeitalters", erklärt Suhr schmunzelnd. „Da ich tatsächlich über eine Fernsehausbildung verfüge, habe ich das nach Kräften umgesetzt."

Spricht den Satz zu Ende und lehnt sich lachend zurück.

Wie war das ganz am Anfang, als sich eine bunte Mischung verschiedener Gruppen zur Bundespartei der Grünen zusammenschließen wollte?

Bürgerinitiativen, Anti-AKW-Gruppen, Alternative Listen, aber auch christlich-konservative Umweltschützer. Tumulte, Diskussionen und Abstimmungen prägten das Bild. Immer wieder Abstimmungen. Dazu die räumliche Enge. Die Karlsruher Stadthalle schien fast aus den Nähten zu platzen. So einen Parteitag hatte die bundesrepublikanische Öffentlichkeit noch nicht gesehen: „Bäuerliche Bauplatzbesetzer vom Kaiserstuhl begegneten radikalen Feministinnen aus Köln. Militante Brokdorfdemonstranten aus Hamburg und Hessen diskutierten mit christlichen Pazifisten aus Bayern oder mit Vogelschützern aus Niedersachsen. Punks mit Schlipsträgern. Kommunisten mit Anthroposophen", erinnert sich Jutta Ditfurth an den 12. und 13. Januar 1980, den Gründungsparteitag der Grünen.

Mehr als tausend Delegierte haben sich damals in Karlsruhe versammelt, um eine Partei zu gründen, die eigentlich gar keine Partei werden wollte. Zumindest nicht im herkömmlichen Sinn. Die Initiativen und Umweltschutzgruppen, die sich hier vereinten, verstanden sich vielmehr als Alternative zu den „etablierten Parteien". Ökologisch, sozial, basisdemokratisch und pazifistisch wollten sie sein. Doch schon auf dem Gründungskongress kam es zu heftigen Kontroversen zwischen zwei Lagern: dem ökologischwertkonservativen und dem linksalternativen. Kaum ein Jahr später verließen weite Teile der bürgerlichen Umweltschützer die junge Partei.

Die Flügelkämpfe um die programmatische Ausrichtung der Grünen kamen trotzdem nicht zur Ruhe. Der Streit zwischen „Fundis" und „Realos", also zwischen fundamentaloppositionell und realpolitisch ausgerichteten Kräften, prägte die Partei bis zum Ende der achtziger Jahre – trotz oder vielleicht auch wegen der sich bald einstellenden Wahlerfolge. Bei der Bundestagswahl 1983 erhielten die Grünen 6,5 Prozent der Stimmen und zogen damit erstmals ins Bonner Parlament ein. Mit bunten Pullis, Latzhosen und Sonnenblumen setzten sie demonstrativ Kontrapunkte im Plenarbetrieb. Die Medienprofis unter den vermeintlichen Blumenkindern wussten, wie der Kampf um das knappe Gut „öffentliche Aufmerksamkeit" geführt werden musste.

Eines dieser medienwirksamen Symbole, mit denen Heinz Suhr im Auftrag seiner Partei für Aufmerksamkeit sorgte, hat es inzwischen bis ins wichtigste Museum für die deutsche Nachkriegsgeschichte geschafft: das Dienstfahrrad der Grünen-Fraktion. Es kann heute im *Haus der Geschichte der Bundesrepublik Deutschland* in Bonn besichtigt werden. Anstelle gut gepolsterter Limousinen, so die damals offiziell postulierte Idee, sollte den Alternativen ein gemeinsames Fahrrad zur Verfügung gestellt werden.

War das Fahrrad tatsächlich als praktikabler Auto-Ersatz für den Abgeordnetenalltag gedacht gewesen? Nicht wirklich. Sinn und Zweck dieser Aktion war etwas anderes. „Weil die Grünen endlose Debatten führten, musste ich mir immer wieder Aktionen einfallen lassen, um von diesem Endlospalaver abzulenken", erläutert Suhr. Eine dieser Aktionen war eben die Präsentation des Dienstfahrrads. Demnach also ein reiner PR-Gag? „Nein, kein Gag – aber eine gezielte PR-Aktion. Wir wollten medial wirksam das Fahrrad verkehrpolitisch stärken, was uns gelungen ist", führt Suhr nicht ohne Stolz aus. „Unser Fahrrad hat es sogar bis in die *Bangkok Post* und die *Baltimore Sun* geschafft. Und selbst Otto Schily hat sich danach ein Fahrrad gekauft, ein edles Teil, mit Federung für den Rücken."

Doch nicht immer tragen Heinz Suhrs Medienaktivitäten einen solch humorvollen Anstrich. Mitte der achtziger Jahre stand die Berliner Mauer noch und die Oppositionsgruppen in der DDR mussten versteckt im Untergrund agieren. Die Stasi verfolgte jeden

Keim des Widerstands mit der ganzen Härte des realsozialistischen Regimes. Heinz Suhr war damals ein unkonventioneller Linker, der wenig Sympathie für die autoritäre DDR hegte. Unter Nutzung seiner Immunität und unter weitgehend konspirativen Bedingungen reiste er im Sommer 1986 nach Ost-Berlin, um drei Druckmaschinen ins Land zu schmuggeln. Maschinen, die oppositionellen Gruppen die Möglichkeit geben sollten, illegal Zeitschriften zu veröffentlichen.

Der evangelische Theologe Stephan Bickhardt, eine der zentralen Figuren der DDR-Opposition, der unter anderem zu den Gründern des „Sozialen Friedensdienstes" und zur Leitung der „Aktion Sühnezeichen" gehörte, erinnert sich: „Die Druckmaschinen sollten zuerst zu mir gebracht werden, aber die Stasi war mit einer unzählig großen Mannschaft hinter Heinz Suhr her, der hinter der Grenze Wolfgang Templin aufgenommen hatte. Die fuhren also zu mir und dachten, sie könnten die Maschinen abstellen. Daraus wurde aber nichts, weil wir wirklich umringt waren. Und dann bin ich mit in das Auto von Heinz Suhr eingestiegen und wir sind bestimmt zwei Stunden durch Berlin gefahren, um zu gucken, zu überlegen, wo wir die Maschinen hinbringen, ohne dass das beobachtet werden kann."[64]

Es war ein gefährliches Spiel der Spione, in das der westdeutsche Medienmann verwickelt war. Er wurde beschattet und verfolgt. Doch am Ende gelang es ihm gemeinsam mit Bickhardt, die Druckmaschinen unbemerkt in einer konspirativen Wohnung zu verstecken. Von 1986 bis zum Fall der Mauer im Jahr 1989 wurden auf Suhrs Maschinen zahlreiche Exemplare der illegalen Zeitschriften *Grenzfall*, *Wendezeit* und *Radix-Blätter* gedruckt. Kleine, geistige Spaltpilze im morschen Mauerwerk des ostdeutschen Arbeiter- und Bauernstaats.

Suhr stand damals jedoch mit diesen deutsch-deutschen Aktivitäten in seiner Fraktion weitgehend allein. Er geht sogar so weit, von einer „innerparteilichen Isolierung" zu sprechen, die er bei Fragen der Zusammenarbeit mit Oppositionsbewegung des Osten erleben musste. Auch bei anderen Themenkomplexen fühlte sich der bekennende „Realo" von Teilen der idealistischen grünen Bewegung zunehmend entfremdet.

---

[64]   Texttafel der Ausstellung Radix-Blätter. Ein Untergrund-Verlag in Berlin 1986–1989. Als Internetveröffentlichung www.leipziger-kreis.de/projekte/ radix/pro_radix_Austxt.htm (zuletzt abgerufen am 31.5.07).

Als die Latzhosen gegen klassische Zweireiher eingetauscht wurden und mit Joschka Fischer sogar ein grüner Politiker das Amt des Vizekanzlers und Außenministers der Bundesrepublik Deutschland übernahm, betrachtete Suhr das politische Geschehen längst von außen – aus der Warte des Fernsehjournalisten. Er hatte die Seiten gewechselt.

Doch wie kommentiert er diese Entwicklung? „Die Grünen sind erwachsen geworden", sagt Heinz Suhr. „Der Alltag ist stärker als die permanente Revolution. Das haben einige erst kapieren müssen. Aber die Wirklichkeit ist eben komplizierter als ein Parteiprogramm, selbst wenn es 500 Seiten hat."

Wieder erschüttert herzhaftes Lachen seinen schweren Körper.

Theorie-Baustein II
Keine Angst vor Strategie und Planung

Eine Kampagne ist ein komplexes Projekt: Kommunikationsmittel müssen entwickelt, Akteure koordiniert und Medienkanäle nach einem festen Zeitplan mit thematisch geschichteten Inhalten bedient werden. Damit das alles reibungslos funktioniert, bedarf es von Anfang an einer klaren strategischen Ausrichtung und gründlicher Planung – und das gilt sowohl für gegenkulturelle Aktionen wie für große Markenkampagnen.

Von Greenpeace & Co. lernen

„Die Methoden von Greenpeace & Co. sind eine Inspirationsquelle für die Wirtschaft", schreibt Bruno Wagner, ein ehemaliger Berater von *Fidelity Investments*. „Der Stil von Greenpeace ist kämpferisch, die Vorgehensweise konfrontativ – schon aus diesem Grund bietet die Arbeitsweise dieser Umweltorganisation viel Anschauungsmaterial." Denn jenseits der klassischen betrieblichen Entscheidungsparameter, wie Preis, Marketing oder Vertrieb, seien inzwischen weitere Faktoren hinzugekommen, die von entscheidender Bedeutung für den Unternehmenserfolg sind.

Diese Faktoren, und das sei das eigentliche Problem, so Wirtschaftsberater Wagner, würden vielfach vom verantwortlichen Management zu wenig beachtet: „Es sind die öffentliche Meinung, Gerüchte und Kampagnen anderer Marktteilnehmer, die über Wohl und Wehe eines ökonomischen Unterfangens mitentscheiden und ein hohes Gefährdungs- wie auch Chancenpotenzial bergen."[65] Gegenkulturelle Organisationen seien sich dieses Potenzials deutlich stärker bewusst. Und – so ist zu ergänzen – sie sind bereit, dieses Chancenpotenzial auch zum Vorteil ihrer Anliegen zu nutzen, wie wir im ersten Teil dieses Buches mehrfach gesehen haben.

---

[65] Bruno Wagner: *Business ist wie Krieg führen*, Frankfurt/M. 2004, S. 245, 243 und 255.

Vordergründig scheinen zwar viele gegenkulturelle Aktionen ungesteuert abzulaufen und eher eine Atmosphäre von Chaos, Spontaneität und Tumult zu verbreiten. Schließlich geht es ja gerade darum, die herrschende und gewohnte Ordnung nadelstichartig zu durchstoßen, um die Aufmerksamkeit der Öffentlichkeit auf die eigenen Anliegen zu lenken. In Wirklichkeit aber werden diese Aktionen in der Regel gründlich geplant, konsequent durchdacht und straff durchgezogen.

Gegenkulturelle Kommunikationsmanager wie der Amerikaner Rex Weyler oder der Deutsche Heinz Suhr sorgten während ihrer aktiven Zeit dafür, dass – allen anarchischen Gebärden zum Trotz – Strategie und Disziplin nicht zu kurz kamen. Beide werden nicht müde, die einfache Lehre zu wiederholen, die da lautet: Keine erfolgreiche Kampagne ohne konsequente strategische Planung. Ein Lehrsatz, der durch Erfahrungen dies- und jenseits des Atlantiks vielfach bestätigt wurde, nicht nur bei Greenpeace und den Grünen.

„Die Planung einer Kampagne ist die Planung einer öffentlichen Konfrontation", schreiben die Greenpeace-Aktivisten in einer eigenen Analyse ihres Vorgehens. „Dieser Slogan, so etwas wie ein inoffizieller Leitsatz der Greenpeace-Strategie, weist auf jene unverkennbare Verbindung von Öffentlichkeit und Konfrontation, in der das Erfolgsrezept von Greenpeace besteht: (...) Greenpeace bringt das Thema via ‚Konfrontation', vorwiegend in Form der Aktion, auf die Tagesordnung – in dem Wissen, dass Argumente allein gegen Machthaber wirkungslos sind und Informationen an Wahrnehmungsschranken abprallen, wenn sie nicht die Öffentlichkeit zu mobilisieren imstande sind."[66]

Und in der Tat sind strategisch geplante und diszipliniert durchgeführte Konfrontationen in den vergangenen drei Jahrzehnten zu so etwas wie Erkennungszeichen von Greenpeace geworden. Aber sind Strategie und Disziplin nicht Begriffe aus dem militärischen Wortschatz? Mehr noch: Ist nicht das gesamte dahinter stehende Wissen zu weiten Teilen aus der Geschichte des Krieges abgeleitet? Selbstverständlich ist es das, was sich nicht zuletzt daran zeigt, dass die ältesten und teilweise bis heute wichtigsten Grundlagenwerke zum strategischen Handeln nahezu allesamt von Heeresführern verfasst wurden.

---

[66] Greenpeace (Hg.): *Das Greenpeacebuch*, München 1996, S. 211.

Rex Weyler hat während unseres Gesprächs in Vancouver bereits angedeutet, dass sich viele gegenkulturelle Aktivisten der
ersten Stunde durchaus kriegerisch gebärdeten. Die Rede war von
„spirituellen Kriegern" und auch der Begriff der „Gedankenbombe" zeigt, dass sich sogar pazifistisch gesonnene Theoretiker wie
Bob Hunter von militärischen Schriften inspirieren ließen. Sun
Tsus *Die Kunst des Krieges* oder Carl von Clausewitz' *Vom Kriege*
dürften sicherlich eine Rolle gespielt haben, aber auch Che Guevaras *Guerillakampf und Befreiungsbewegung*.

*Wussten, wie man eine Kampagne plant: Rex Weyler (Mitte) und Bob
Hunter (rechts) sorgten regelmäßig für Aufmerksamkeit.*

Die zentrale Bedeutung strategischen Denkens und Handelns für
wirtschaftlichen Erfolg, insbesondere in den Bereichen Kommunikation und Marketing, ist auch in den Büros renommierter Wirt-
schaftsunternehmen angekommen. Und auch hier wird die militärische Herkunft vieler Lehrsätze keineswegs geleugnet: „Mitarbeiter
des ‚Strategieinstituts' *Boston Consulting Group* haben sich – wie
viele weitere ihrer Kollegen – den preußischen Denk- und Degen-
strategen Carl von Clausewitz zum Managementvorbild gekürt",
schreibt Bruno Wagner.[67]

Clausewitz' Theorien stehen außerdem auf dem Lehrplan der
Harvard University sowie zahlreicher weiterer Hochschulen und
Business Schools. Die *Georgetown University* in Washington,
D.C. hat sogar ein eigenes Studienfach „Informationskrieg" einge-
richtet und in Paris wurde gleich eine ganze „Schule für den Wirt-

---

[67] Ebd., S. 240.

schaftskrieg", die *Ecole de Guerre Economique* (EGE), ins Leben gerufen. Dort sollen nun auch „Geheimdienstler und Militärs den Studenten alles über ökonomische Kriegsführung" beibringen.[68]

Es wird also auf allen Seiten viel Aufwand betrieben, damit die „Kommunikationskrieger" gerüstet sind, bevor sie ihre teilweise wie Feldzüge konzipierten Kampagnen launchen. Ganz dem berühmten Satz von Generalfeldmarschall Erwin Rommel folgend: „Eine Schlacht wird von Logistikern geschlagen, bevor sie begonnen hat."

Was bedeutet strategisches Denken?

Eine Kommunikationskampagne ist ein komplexes Projekt, an dem zahlreiche Akteure beteiligt sind und verschiedene Medienkanäle nach einem festen Zeitplan mit verschiedenen thematisch geschichteten Kommunikationselementen bedient werden müssen. Im Idealfall gleicht eine Kampagne einem Räderwerk, bei dem die verschiedenen Elemente und Aktivitäten wie Zahnräder ineinander greifen und sich wechselseitig verstärken – und auf diese Weise eine eigene, sich selbst verstärkende Dynamik entfalten. Dass so etwas nicht ohne Planung funktionieren kann, versteht sich fast von alleine.

Allerdings sollte strategische Planung nicht als einmaliger Akt missverstanden werden, der vor Kampagnenstart erfolgt und danach abgeschlossen ist. Vielmehr muss die Strategiearbeit die gesamte Kampagne durch alle Phasen hindurch begleiten und das Strategiekonzept immer wieder an die veränderten Gegebenheiten angepasst werden.

Was bedeutet Strategie?

Nach landläufiger Definition versteht man unter Strategie ein längerfristig ausgerichtetes und planvolles Streben, um ein bestimmtes, vorher festgelegtes Ziel zu erreichen. Der Begriff selbst lässt sich auf den griechischen Terminus *strategos* zurückführen. Dieser setzt sich aus den Wurzeln *stratós*, auf Deutsch „das Heer", und *ágein*, was „führen" bedeutet, zusammen. Insofern bedeutet Strategie im eigentlichen Wortsinne nichts anderes als „Heeresführung".

---

[68] Kim Rahir, Anne Seith: „Die EU agiert wie ein kopfloses Huhn. Interview mit Wirtschaftskrieger Harbulot", in: *Spiegel-Online*, 20. April 2006.

Der bereits erwähnte preußische General und Kriegstheoretiker Carl von Clausewitz definierte den Begriff deutlich trennschärfer: „Die Strategie ist der Gebrauch des Gefechts zum Zwecke des Krieges; sie muss also dem ganzen kriegerischen Akt ein Ziel setzen, welches dem Zweck desselben entspricht, d.h. sie entwirft den Kriegsplan, und an dieses Ziel knüpft sie die Reihe der Handlungen an, welche zu demselben führen sollen, d.h. sie macht die Entwürfe zu den einzelnen Feldzügen und ordnet in diesen die einzelnen Gefechte an."[69]

Der Mann war Soldat, kein Texter. Insofern ist Clausewitz für diesen langen, verschachtelten Satz kein Vorwurf zu machen.

Im Einzelnen lauten seine Aussagen:

- Die Strategie hat erstens die Aufgabe, das Ziel der gesamten Kampagne (bei Clausewitz: des „ganzen kriegerischen Akts") zu definieren.
- Zweitens muss sie einen Plan erstellen, wie dieses Ziel erreicht werden kann.
- Drittens benennt sie in diesem Plan die „Reihe der Handlungen", also in unserem Fall die inhaltliche Linie der einzelnen Medienauftritte.
- Viertens macht sie „Entwürfe zu den einzelnen Feldzügen", sprich: sie entwickelt den Einsatz verschiedener Medienkanäle und die entsprechende Aufteilung des zur Verfügung stehenden Budgets.
- All dies wird – fünftens – den verschiedenen Phasen zugeordnet, in welche die gesamte Planung zeitlich unterteilt wird.

Um mit Clausewitz' Worten zu sprechen: „Die Strategie bestimmt den Punkt, *auf* welchem, die Zeit, *in* welcher, und die Streitkräfte, *mit* welchen gefochten werden soll; sie hat also durch diese dreifache Bestimmung einen sehr wesentlichen Einfluss auf den Ausgang des Gefechts."[70] Anders formuliert: Sie erfüllt die Funktion eines Drehbuchs für unsere Kampagne.

Dabei kann es im Kampagnenalltag immer wieder zu einem Durcheinander der Begriffe kommen, vor dem gewarnt werden muss. Denn wie soll derjenige, der sein theoretisches Instrumentarium nicht auseinanderhalten kann, in der Lage sein, seine Kam-

---

[69] Carl von Clausewitz: *Vom Kriege*, München 2003, S. 157.
[70] Ebd., S. 178.

pagne klar zu strukturieren? Da ist von taktischen Zielen die Rede und von strategischen Operationen. Oder auch umgekehrt: von strategischen Zielen und taktischen Operationen. Um die Verwirrung komplett zu machen: In beiden Fällen können die Begriffe richtig verwendet worden sein. Es gibt sowohl strategische als auch taktische Ziele und Operationen. Der Fehler beginnt, wenn die Begriffe „taktisch" und „strategisch" nahezu synonym verwendet werden.

Was heißt strategisch, was heißt taktisch?

Grundsätzlich ist die längerfristig angelegte Strategie von der kurzfristig orientierten Taktik zu unterscheiden. Taktische Operationen sind zeitnah ausgerichtete Aktivitäten zur Erreichung eines kurzfristigen Ziels. Dabei ist die Taktik deutlich flexibler als die Strategie, sie muss schneller an aktuelle Begebenheiten angepasst werden und auf erwartete wie unerwartete Ereignisse sofort reagieren können. Um dabei nicht kopflos zu agieren, benötigt die Taktik die Einbettung in den Gesamtzusammenhang einer Strategie.

Soziologisch gesprochen werden taktische Operationen unter einer detailscharfen Mikroperspektive durchgeführt, während strategische Operationen unter Verwendung einer Makroperspektive erfolgen, um den Gesamtüberblick nie zu verlieren. Es gibt einen berühmten militärischen Lehrsatz, der diesen Unterschied veranschaulicht: So kann es beispielsweise taktisch sinnvoll sein, eine Schlacht bewusst zu verlieren, um dadurch einen strategischen Vorteil zu erringen und schließlich den gesamten Krieg zu gewinnen.

Ernesto Che Guevara, zur linken Pop-Ikone überhöhter Freiheitskämpfer und Kriegstheoretiker, hat das in klaren Worten zusammengefasst: „Die Taktik ist der Strategie untergeordnet, handelt in ihrem Interesse und verwirklicht die Ziele, die von der Strategie gestellt werden." Und als nicht minder wichtige Ergänzung führt er weiter aus: „Dabei muss man in jeder Etappe des Kampfes stets beweglichere und variablere Mittel und Methoden anwenden als die, die anfänglich zur Erreichung des Ziels für möglich gehalten wurden. Es gibt taktische Aufgaben, die im Verlauf des ganzen Krieges unverändert bleiben, und taktische Ziele, die sich verändern."[71] Mit anderen Worten: Eine erfolgreiche Kampagne benötigt taktische Flexibilität bei gleichzeitiger strategischer Stabilität.

---

[71] Ernesto Che Guevara: *Guerillakrieg und Befreiungsbewegung*, Bonn 1997, S. 68.

Die „Kriegskunst" der Kommunikation

Sun Tsu – manchmal auch Sunzi oder Sunzu geschrieben – gehört neben Carl von Clausewitz zu den bedeutendsten Theoretikern des strategischen Denkens. Ein chinesischer Heerführer, der um 500 v. Chr. gelebt und dem König des Staates Wu als oberster General gedient haben soll. Zugleich ein Philosoph, dessen Gedanken zweieinhalbtausend Jahre überlebt haben und noch heute an den meisten Militärakademien und an vielen amerikanischen Managementschulen gelehrt werden. Wobei, auch das muss erwähnt werden, der Wert dieser Gedanken durchaus umstritten ist.

Mark Perryman beispielsweise spottet: „Sein Büchlein *Die Kunst des Krieges* wird heutzutage insbesondere von leitenden Angestellten kleinerer Werbeagenturen und mittleren Managern größerer Firmen gekauft, die durch die Lektüre versuchen, Sinn in ihre Beschäftigung zu bringen."[72] Ganz anders urteilt dagegen James Clavell. Der Autor von in Asien handelnden Bestseller-Romanen wie *Shogun* oder *Noble House* bekam während eines Rechercheaufenthalts in Hongkong Mitte der siebziger Jahre das Buch erstmals in die Hände – und war vom ersten Moment an fasziniert: „Ich würde *Die Kunst des Krieges* gern als Pflichtlektüre für alle Offiziere und Mannschaften unserer Streitkräfte sehen, und außerdem für alle Politiker, für alle Menschen, die in der Regierung arbeiten, an allen Hochschulen und Universitäten."[73] Sein Wunsch sollte in Erfüllung gehen.

Tatsächlich dient *Die Kunst des Krieges* vielen militärischen, politischen und inzwischen auch wirtschaftlichen Beratern als Inspirationsquelle. Als populäres Beispiel dafür kann David Horowitz herangezogen werden. Horowitz war in den sechziger Jahren in Amerika einer der bekanntesten Aktivisten der gegenkulturell orientierten „Neuen Linken". Inzwischen politisch um nahezu 180 Grad gedreht, agitiert David Horowitz heute als erzkonservativer Publizist und Meinungsmacher mit einem eigenen *Zentrum zur Erforschung der Populärkultur* und einem Magazin namens *Frontpage*.

Auf der Grundlage von Sun Tsus Gedanken formulierte Horowitz im Jahr 2000 seine eigene *Kunst des politischen Krieges*. Es

---

[72] Mark Perryman: *1. FC Philosophie*, Berlin 1998, S. 13.
[73] James Clavell: „Vorwort", in: Sun Tsu: *Die Kunst des Krieges*, München 1998, S. 17.

sind fünf Prinzipien, die er für die politische Kommunikation in Zeiten massenmedialer Vernetzung präsentiert. Prinzipien, die martialisch klingen, und wohl auch bewusst so klingen sollen.

„Politik ist Krieg mit anderen Mitteln", steht da an erster Stelle geschrieben – in Umkehrung der so berühmten wie umstrittenen Formel von Carl von Clausewitz, Krieg sei die Fortsetzung der Politik mit anderen Mitteln. Über Geschmacksfragen lässt sich bekanntlich streiten, so auch über die martialisch-militärische Tonart, die Horowitz für den genuin zivilen Bereich der Politik wählt. Der alternde Radikale will, so scheint es, schlicht und einfach weiterhin provozieren – unabhängig davon, dass er inzwischen die politischen Lager gewechselt hat.

Zweitens schreibt Horowitz: „Politik ist ein Krieg um Positionen." Es muss also darum gehen, die eigene Position zu sichern. Verbündete müssen gefunden, wissenschaftliche oder zumindest pseudo-wissenschaftliche Belege für die Richtigkeit dieser Position angeführt werden. Denn nichts sorgt in unserer säkularisierten Welt für so viel Glaubenskraft, wie verständlich zusammengefasste Ergebnisse wissenschaftlicher Studien. Aus diesem Grund muss gleichzeitig die gegnerische Position als „wissenschaftlich falsch" diskreditiert und damit als unhaltbar dargestellt werden.

Dabei gilt es – drittens – zu beachten: „In der Politik gewinnt normalerweise der Aggressor." Das heißt, man sollte frühzeitig konfrontativ den Gegner angehen, dessen Position offen angreifen und sie nach Möglichkeit der Lächerlichkeit preisgeben. Denn auf dem Feld der politischen Kommunikation existiert kaum etwas, das in der Lage ist, eine solch verheerende Wirkung zu entfalten, wie die Lächerlichkeit.

Weshalb das so ist, erläutert Horowitz mit seinem vierten Prinzip: „Positionen werden durch Furcht und Hoffnung definiert." Und beides, Furcht wie Hoffnung, können am einfachsten und wirkungsvollsten durch die Kraft des Gelächters zersetzt werden. Warum aber dienen gerade Furcht und Hoffnung zur Stärkung einer Position? Die Antwort finden wir bei dem deutschen Soziologen und Machttheoretiker Heinrich Popitz, der Angst und Hoffnung als spezifische Instrumente bezeichnet, um bei Menschen Verhaltensmuster der Konformität auszulösen. „Unter instrumenteller Macht verstehe ich die Steuerung des Verhaltens anderer durch Drohungen und Versprechungen. Drohungen steuern das Verhalten, weil sie Furcht, Versprechungen, weil sie Hoffnung erzeugen. Instrumentelle Macht bedeutet also die Verfügung über Furcht und Hoffnung anderer Menschen."[74]

Ganz in diesem Sinne schreibt Horowitz fünftens: „Die Waffen der Politik sind Symbole für Furcht und Hoffnung." Und diese mehr oder weniger symbolartigen Waffen bestehen eben, wie Popitz richtig erkannte, aus Drohungen und Versprechungen. Dabei ergänzt der deutsche Soziologe: „Drohungen können ausgebaut werden zu einer Macht des Angstmachens."[75] Und exakt dies geschieht in vielen politischen Kampagnen: die Position des Gegners wird eingebettet in ein Szenario der Bedrohung. Es wird bewusst Angst geschürt vor den schlimmen Folgen dieser falschen Politik, während gleichzeitig Versprechungen – die berühmt-berüchtigten Wahlversprechen – gegeben werden. Jene Art von Versprechen über wunderbare und für jeden einzelnen spürbare Folgen, die nach dem Wahlsieg das Land erblühen lassen sollen, die leider allerdings nur sehr selten Realität werden.

Es geht an dieser Stelle nicht um eine moralische oder ethische Bewertung dieser Prinzipien, sondern schlicht um die Analyse effizienten Kampagnenmanagements. Und die Effizienz der von Horowitz formulierten Prinzipien kann am Beispiel zahlreicher politischer Kampagnen der jüngeren Geschichte dies- und jenseits des Atlantiks eindrucksvoll belegt werden. Dessen dürfte sich auch Horowitz selbst bewusst sein, dennoch schiebt er einen sechsten Lehrsatz nach, der allerdings nicht mehr den Charakter eines Prinzips aufweist, sondern eher die Funktion einer moralischen Absolution der vorgenannten Sätze erfüllen soll.

So schreibt er: „Der Sieg liegt stets auf der Seite des Volkes." Soll heißen: Auch wenn manches Mal die gewählten Mittel zweifelhaft sein mögen, so sind sie doch durch den letztendlichen Zweck gerechtfertigt, dem Willen des Volkes zum Ausdruck zu verhelfen. Ganz egal, wie der Wahlkampf geführt worden sein mag, am Ende hätten alleine die Wähler zu entscheiden.[76] Es soll, wie gesagt, an dieser Stelle nicht um eine ethische Bewertung gehen. Wahrscheinlich hätte Horowitz allerdings gut daran getan, dies ebenfalls zu erkennen und sich diesen floskelhaften letzten

---

[74] Heinrich Popitz: *Phänomene der Macht*, Tübingen 1992, S. 79.
[75] Ebd., S. 27.
[76] David Horowitz: *The Art of Political War And Other Radical Pursuits*, Dallas 2000, S. 10.

Satz zu sparen. Schließlich hat seine Analyse diese pseudomoralische Rechtfertigung gar nicht nötig.

SWOT schafft Klarheit

„Wenn du den Feind und dich selbst kennst, brauchst du den Ausgang von hundert Schlachten nicht zu fürchten", so lautet der wahrscheinlich berühmteste und meistzitierte Lehrsatz von Sun Tsu. Negativ gewendet liest er sich folgendermaßen: „Wenn du dich selbst kennst, doch nicht den Feind, wirst du für jeden Sieg, den du erringst, eine Niederlage erleiden. Wenn du weder den Feind noch dich selbst kennst, wirst du in jeder Schlacht unterliegen."[77]

Wer also auf die Analyse der eigenen Stärken und Schwächen verzichtet und auch die äußeren Faktoren nicht berücksichtigt, unter deren Bedingungen die kommunikativen Aktivitäten stattfinden, wird erfahrungsgemäß wenig Erfolg haben. Positiv formuliert: Jede strategische Kampagnenentwicklung sollte mit einer Analyse der internen und externen Situationsfaktoren beginnen.

Das Lehrgebiet des strategischen Managements hält dafür eine Methode bereit, die relativ einfach einen ersten Gesamtüberblick verschafft: die SWOT-Analyse. Dieses Akronym steht für *Strengths* (Stärken), *Weaknesses* (Schwächen), *Oppotunities* (Chancen) und *Threats* (Gefahren). Bei diesem ebenso einfachen wie bewährten Analysemodell werden die internen Faktoren der Stärken und Schwächen sowie die externen Faktoren der Chancen und Gefahren aufgelistet und in einer so genannten SWOT-Matrix jeweils in Wechselbeziehungen gesetzt.

Dabei muss beachtet werden, dass Stärken und Schwächen nach innen gerichtete Faktoren sind und sich einerseits auf das Produkt (beziehungsweise das soziale Anliegen etc.) und andererseits auf die Rahmenbedingungen der Kampagne beziehen, also beispielsweise die Höhe des zur Verfügung stehenden Budgets. Chancen und Gefahren sind dagegen äußere Faktoren, also Umweltbedingungen, die wir durch unsere Kampagne nicht *direkt* beeinflussen können und denen wir gerade deshalb in unserer strategischen Planung von Anfang an Rechnung tragen müssen.

---

[77] Sun Tsu: *Die Kunst des Krieges*, München 1998, S. 39.

SO (strengths/opportunities) Stärke/Chancen-Aspekt	ST (strengths/threats) Stärke/Gefahren-Aspekt
WO (weaknesses/opportunities) Schwäche/Chancen-Aspekt	WT (weaknesses/threats) Schwäche/Gefahren-Aspekt

In die vier Felder der SWOT-Matrix werden folgende handlungsleitende Fragen sowie deren Antworten eingetragen:

1. SO – Stärke/Chancen-Aspekt: Wie können wir welche unserer Stärken einsetzen, um dadurch die Möglichkeiten der Chancenrealisierung zu maximieren?
2. ST – Stärke/Gefahren-Aspekt: Wie können wir welche unserer Stärken einsetzen, um dadurch potenzielle Gefahren zu vermeiden oder zu meistern?
3. WO – Schwäche/Chancen-Aspekt: Wie können wir an unseren Schwächen arbeiten, um dadurch die Möglichkeiten der Chancenrealisierung zu maximieren?
4. WT – Schwäche/Gefahren-Aspekt: Wie können wir an unseren Schwächen arbeiten, um dadurch potenzielle Gefahren zu vermeiden oder zu meistern?

Eine solche Analyse ist im Wesentlichen zeitpunktbezogen, das heißt, sie zeigt die jeweils momentane Einschätzung des untersuchten Projekts und der es umgebenden Umweltbedingungen. Deshalb empfiehlt es sich, diese Analyse in regelmäßigen Abständen zu wiederholen – und zwar auch noch nach dem Kampagnenstart. Auf diese Weise können mögliche Schwächen oder Fehlentwicklungen frühzeitig entdeckt und behoben werden.

MOOSEMUSS gibt Orientierung

„Überheblich zu beginnen und danach vor der Zahl des Feindes zurückzuschrecken, ist ein Beweis für einen außergewöhnlichen Mangel an Intelligenz", schreibt Sun Tsu an einer anderen Stelle. Um es profaner auszudrücken: Es lohnt sich, vor Kampagnenstart einige wesentliche Überlegungen anzustellen, um zu verhindern, dass einem während des langen „kommunikativen Feldzugs" die kreative Kraft, die finanziellen Mittel oder am Ende sogar beides ausgeht. Denn „der General, der eine Schlacht gewinnt, stellt vor dem Kampf im Geiste viele Berechnungen an", wie der chinesische Kriegsphilosoph erläutert.[78]

An amerikanischen Militärakademien werden die wesentlichen Aspekte aus Sun Tsus *Die Kunst des Krieges* und Carl von Clausewitz' *Vom Kriege* inzwischen in kondensierter Form gelehrt: als neun zentrale Prinzipien der erfolgreichen Kriegführung, die unter dem Kunstwort MOOSEMUSS zusammengefasst werden. Einem Akronym, das sich aus den Anfangsbuchstaben der Schlagwörter bildet, mit denen die neun Prinzipien benannt werden. Vielerorts in den USA müssen die frisch eingezogenen Kadetten diese Lehrsätze gleich in ihren ersten Ausbildungswochen auswendig lernen.

Aufgrund der bereits erläuterten gedanklichen Verflechtung von militärischer Strategie und kommunikationswissenschaftlicher Planung sorgt es für wenig Verwunderung, dass auch diese Lehrsätze inzwischen für das moderne Kampagnenmanagement adaptiert worden sind.

Die modifizierten Faustregeln lauten:

- **M**ass (Masse): Konzentrieren Sie Ihre Mittel auf Ihre zentrale Botschaft. Existiert ein direkter Gegner, auf den Sie Ihre Kampagne ausrichten, dann konzentrieren Sie einen Teil Ihre Mittel auf seine Schwächen.
- **O**bjective (Ziel): Definieren Sie von Anfang an möglichst genau das Ziel, das Sie mit Ihrer Kampagne erreichen wollen.
- **O**ffense (Angriff): Übernehmen Sie jederzeit die Initiative. Reagieren Sie nicht, sondern agieren Sie.
- **S**implicity (Einfachheit): Reduzieren Sie die Komplexität. Botschaften müssen einfach sein, taktische Ziele auch mit begrenzten Ressourcen erreichbar und Leistungsvorgaben klar und messbar.
- **E**conomy of Force (Sparsamkeit): Gehen Sie ökonomisch vor, behalten Sie das Budget und den Zeitplan jederzeit im Auge. Ihre Kampagne sollte so konzipiert sein, dass sie in bestimmten Phasen auch mit geringen Mitteln am Leben gehalten werden kann.
- **M**aneuver (Manöver): Bleiben Sie in Bewegung. Lassen Sie sich auf keinen Fall in die Defensive treiben, sondern geben Sie

---

[78] Ebd., S. 98 und 25.

die Diskussionspfade vor und behalten Sie die Definitionshoheit.

- Unity of Command (Befehlskette): Schaffen Sie klare Strukturen der Verantwortlichkeit. Es muss jederzeit unzweifelhaft sein, wer wann welche Entscheidung zu fällen – und zu verantworten – hat.
- Surprise (Überraschung): Sorgen Sie für Überraschungsmomente. Inhaltlich, gestalterisch oder technisch. Lassen Sie Ihre Kampagne dort erscheinen, wo man Sie nicht erwartet.
- Security (Sicherheit): Sorgen Sie dafür, dass Sie selbst und alle Ihre Mitarbeiter Vertraulichkeit bewahren. Wer die Grundlinien seiner Strategie offen legt, gefährdet seine Kampagne.

Auch wenn manche dieser MOOSEMUSS-Lehrsätze etwas holzschnittartig klingen, taugen sie dennoch als erste Orientierungspunkte für die konzeptionelle Ausrichtung einer Kommunikationsstrategie. Sie können gleichsam die Funktion eines Geländers erfüllen, das Ihnen Halt gibt, während Sie sich auf das unwegsame Gelände des Neulands begeben, auf dem eine wirkungsvolle Strategie entwickelt werden muss.

Das Strategiekonzept

Jede erfolgreiche Kommunikationsstrategie beginnt damit, dass man sie niederschreibt. Was einfach klingt, wird oft missachtet. „Ein nicht schriftlicher Plan ist keiner", pointiert deshalb PR-Experte Marco Althaus.[79] Machen Sie sich die Mühe, halten Sie Ihr Strategiekonzept schriftlich fest. Erst dadurch schaffen Sie ein Drehbuch, das allen Beteiligten in den folgenden Wochen und Monaten als Orientierung dienen kann. Dies gilt auch für den Fall, dass Sie den Plan im Verlauf der Kampagne mehrfach modifizieren müssen, denn ohne ein fixiertes Strategiekonzept wird es Ihnen und den zahlreichen Mitarbeitern der Kampagne nur schwer gelingen, den einmal eingeschlagenen Kurs zu halten.

Ein Strategiekonzept besteht dabei aus mehreren Elementen. Relativ weit am Anfang steht die empirisch gestützte Analyse der Zielgruppen sowie ihrer Bedürfnisse und handlungsleitenden Wer-

---

[79] Marco Althaus: „Strategien für Kampagnen", in: Ders. (Hg.): *Kampagne! Neue Strategien für Wahlkampf, PR und Lobbying*, Münster 2002, S. 14.

tehierarchien. Parallel dazu muss eine Analyse des zu kommunizierenden Produkts (beziehungsweise des sozialen Anliegens, des Kandidaten etc.) erfolgen, bei der alle Stärken aber auch alle Schwächen offengelegt werden. Ergänzt wird dieser Abschnitt durch eine Untersuchung der Marktsituation sowie durch eine ausführliche Konkurrenzbeobachtung.

Die schwierigste Aufgabe ist jedoch zweifellos die Formulierung der Ziele und der Kernbotschaft Ihrer Kampagne: die *Single-Minded Main Message*. Das ist die unverzichtbare Basis. „Eine gute Kampagnenstrategie braucht manchmal Monate, bis sie formuliert ist. Aber man sollte nie mehr als ein paar Worte benötigen, um sie zu beschreiben", sagt Dick Morris, einer der bekanntesten Medienberater und Wahlkampfstrategen der Welt. „Nur ein Satz. Aber das ist ein Satz, den die meisten Kampagnen nie schreiben", führt der erfolgreiche Spin Doctor weiter aus, der unter anderem als Wahlkampfmanager von Bill Clinton für dessen Wiederwahl ins Weiße Haus sorgte.[80] Die Botschaft muss dabei zugleich groß und eingängig sein. Sie muss die Menschen intellektuell ansprechen und – was noch wichtiger ist – sie muss eine emotionale Wirkung entfalten.

Sind Ziele und Botschaften formuliert, müssen Bilder und prägnante Texte dafür gefunden werden. Das ist der kreative Part der Kampagnenkonzeption. Für die kreative Erarbeitung der kommunikativen Grundmittel – also Claim, Grundmotiv, Plakate, Anzeigen, Website, Spots, etc. – muss im Strategiekonzept ein realistischer Zeitraum vorgesehen werden. Zugleich muss Zeit eingeplant werden für die Entwicklung der flankierenden PR-Maßnahmen. Schon in diesem Stadium sollte überlegt werden, welche nachrichtenrelevanten Anlässe wann inszeniert und welche Medien mit welchen Inhalten bedient werden.

Womit wir beim Zeitplan wären, der alle Aktivitäten in eine dynamische Ordnung bringen muss. Welche Elemente bauen aufeinander auf? Welche Aktionen verstärken sich wechselseitig? Wie sind die verschiedenen Medienkanäle in eine sinnvolle Beziehung zu bringen? Welche Reaktionen sind zu erwarten? Wie verstärken wir positive Effekte? Und wie antizipieren wir negative? Der Zeitplan muss all diese Fragen beantworten, ohne dass er sie freilich

---

[80] Dick Morris: *The New Prince: Machiavelli Updated for the Twenty-First Century*, Los Angeles 1999, S. 47f. (zitiert nach: Marco Althaus (Hg.): *Kampagne! Neue Strategien für Wahlkampf, PR und Lobbying*, Münster 2002).

bis ins letzte Detail ausführt. Ein vollständig ausgearbeiteter Mediaplan beispielsweise kann, muss aber nicht Bestandteil des Strategiekonzepts sein.

Anders verhält es sich mit dem zur Verfügung stehenden Budget. Dessen Höhe sollte bereits zu diesem Zeitpunkt bekannt sein, um auf dieser Basis einen Finanzplan erstellen zu können. *Money makes the world go around* – und ganz in diesem Sinne ist ohne eine seriöse finanzielle Planung die inhaltlich-strategische Konzeption kaum machbar. Denn die Höhe des Budgets setzt dem Umfang unserer Kampagne einen „natürlichen" Rahmen, die Verteilung der Geldmittel auf die verschiedenen Medienkanäle hat massiven Einfluss darauf, wie unsere Kampagne in der Öffentlichkeit wahrgenommen wird, und die Begrenztheit des Budgets fordert unsere Kreativität heraus, um mit jedem Kommunikationsmittel und jeder Aktion größtmögliche Wirkung zu erzielen.

Allerdings ist die Höhe des Budgets nur ein Indikator von vielen, der etwas über die Schlagkraft unserer Kampagne aussagt: „Strategisches Denken ist ebenso die Kunst, die eigenen bescheidenen Kräfte auf einen möglichst kleinen Punkt zu lenken, um damit größtmögliche Durchschlagskraft zu erreichen", so Marco Althaus.[81]

Von Werbeplanern und Strategen

Strategisches Denken und strategische Planung haben den Bereich des rein Militärischen verlassen und sind, wie wir gesehen haben, in das Feld des Marketings und insbesondere der Kommunikation vorgedrungen. Obwohl die *Harvard University* bereits im Jahr 1912 einen Kurs in „Business Policy" angeboten und damit wahrscheinlich erstmals Elemente des militärischen Denkens in die Ausbildung von Wirtschaftsfachleuten überführt hat, ist dieser Theorietransfer vom Kriegs- zum Wirtschaftshandwerk ein relativ junges Phänomen.

Ob Zufall oder nicht, es soll just im Jahr 1968 gewesen sein, jenem Jahr des gegenkulturellen Aufruhrs in den Universitätsstädten der westlichen Welt, in dem zwei Londoner Werbeagenturen unabhängig voneinander erstmals kleine Abteilungen für strategische

---

[81] Marco Althaus: „Strategien für Kampagnen", in: Ders. (Hg.): *Kampagne! Neue Strategien für Wahlkampf, PR und Lobbying*, Münster 2002, S. 11.

Planung eingerichtet haben. Sowohl *J. Walter Thompson* (JWT) als auch *Boasse Massimi Pollitt* (BMP, die heute zur international tätigen DDB-Gruppe gehören) installierten das so genannte *Account Planning* als dritte Säule im Agenturgeschäft – neben Beratung und Kreation. Beide reklamieren deshalb für ihr Haus die Ehre der Urheberschaft dieser neuen werbewirtschaftlichen Disziplin.

Planning, wie die strategische Planung im mit Anglizismen durchsetzten Werberjargon kurz genannt wird, soll vor allem die Sicht der Verbraucher widerspiegeln und sowohl die Berater als auch die Kreativen mit Informationen über die spezifische Situation, die Empfindungen und die jeweiligen Bedürfnisse der als Zielgruppe ausgemachten Personenkreise versogen. Stanley Pollitt, der bärbeißige Chef der Agentur BMP, wollte in seinem Haus über Spezialisten verfügen, die mehr über „das wirkliche Leben der Menschen da draußen" wissen, als die reinen Marktforscher, die für Pollitt nicht viel mehr waren als „Zahlendreher und Erbsenzähler". Als Folge dieser frühen Profilbildung ist die Rolle des strategischen Planers in den allermeisten Werbeagenturen bis heute deutlich stärker auf die Ermittlung des *Consumer Insight* als auf die eigentliche Kampagnenkonzeption festgelegt.

Strategische Planung in diesem engeren Sinn umfasst die Erhebung, Auswertung und Interpretation von Daten der Markt-, Meinungs-, Motiv- und Trendforschung. Es beinhaltet die Verdichtung dieser Daten, die prägnante Aufbereitung für Kreative und Berater in einem so genannten *Creative Briefing* sowie die Entwicklung von Markenpositionierungen oder auch Markenleitideen. Allesamt wichtige Tätigkeiten, doch die eigentliche strategische Arbeit kommt dabei eigenartigerweise oftmals zu kurz.

Doch worin besteht diese eigentliche strategische Arbeit? „Strategie heißt, Entscheidungen zu treffen", erläutert Marco Althaus. Und zwar Entscheidungen darüber, „was man nicht tut: mit wem man nicht kommunizieren will, für wen man kein Geld ausgeben will, welche Themen man nicht anfassen will."[82] Nur wer dazu in der Lage ist, arbeitet tatsächlich strategisch. Das Zauberwort strategischen Denkens lautet deshalb weder *Innovation Development* noch *Consumer Insight* – es lautet: Entscheidungskompetenz.

---

[82] Ebd., S. 19.

Ein guter Kämpfer ist „schrecklich im Sturm und rasch in seiner Entscheidung", wusste Sun Tsu schon vor zweieinhalbtausend Jahren.[83] Und daran hat sich bis heute nichts geändert.

Sind Sie bereit für das Spiel?

Wenn strategisches Handeln vor allem im Fällen von Entscheidungen besteht, benötigen wir Instrumente, die uns helfen, zum richtigen Zeitpunkt die richtigen Entscheidungen zu treffen. So weit, so gut. Aber wie können solche Instrumente aussehen? Sie müssten ein sehr hohes Maß an Komplexität aufweisen, da wir als Kampagnenmacher nicht im luftleeren Raum agieren. Wir sind umgeben von Sympathisanten, die uns unterstützen, von Gegnern, die mit uns konkurrieren, und von Personengruppen, die unseren kommunikativen Bemühungen mehr oder weniger neutral gegenüberstehen. Kurz, wir sind umgeben von zahlreichen anderen aktiven Entscheidungsträgern, deren Handeln mit unserem Tun in einer Wechselbeziehung steht und permanent Einfluss auf unsere Kampagne ausübt.

Existieren solche Instrumente überhaupt?

Die einfache Antwort lautet: Ja, es gibt sie. „Die Wissenschaft vom strategischen Denken heißt Spieltheorie", schreiben die beiden amerikanischen Professoren Avinash Dixit und Barry Nalebuff.[84] Die beiden Wirtschaftswissenschaftler, die an den Universitäten Princeton und Yale forschen und lehren, haben mit ihrem Buch *Thinking Strategically* (das auf Deutsch den mäßig originellen Titel *Spieltheorie für Einsteiger. Strategisches Know-how für Gewinner* trägt) nicht nur einen internationalen Wissenschaftsbestseller vorgelegt, sondern – was noch wichtiger ist – ein Fachbuch, das auch mathematisch nicht vorgebildete Leser verstehen können.

„Die Spieltheorie ist aus der Wirtschaftswelt nicht mehr wegzudenken, so entscheidend hat sie moderne Vorstellungen von Strategie geprägt", postuliert *Der Spiegel*. „Berater nutzen sie für Projekte, Manager büffeln sie, um klüger zu entscheiden."[85] Die Geschichte der Spieltheorie ist zweifellos eine Erfolgsgeschichte.

---

[83] Sun Tsu: *Die Kunst des Krieges*, München 1998, S. 50.
[84] Avinash K. Dixit, Barry J. Nalebuff: *Spieltheorie für Einsteiger. Strategisches Know-how für Gewinner*, Stuttgart 1997, S. 1.
[85] Michael Leitl: „Winkelzüge für Profis", in: *Spiegel-Online*, 29. März 2006.

Selten konnte sich eine neue Disziplin in solch kurzer Zeit und so nachhaltig ihren Platz im hart umkämpften Wissenschaftsbetrieb sichern. Im Jahr 1994 erhielt sie ganz offiziell den Ritterschlag, als drei ihrer Pioniere – John Nash, John Harsanyi und Reinhard Selten – für ihre grundlegenden spieltheoretischen Arbeiten mit der höchsten wissenschaftlichen Auszeichnung der Welt geehrt wurden: dem Nobelpreis.

Allerdings teilen nicht alle Wirtschaftswissenschaftler diese Euphorie. David Friedman, Sohn des Nobelpreisträgers Milton Friedman und seinerseits ebenfalls ein über die Fachgrenzen hinaus bekannter Professor für Ökonomie, schreibt: „Die Spieltheorie macht eine Menge Spaß und erweist sich oft als nützlich, wenn man die Logik strategischen Handelns durchdenkt, aber als Methode, Wirtschaftswissenschaften zu betreiben, ist sie eine reine Verzweiflungstat, zu der man nur Zuflucht nehmen sollte, wenn alle unkomplizierten Alternativen versagen."[86]

Leider ist aber genau das häufig der Fall, weshalb andere hochrangige Ökonomen den besonderen Wert dieser jungen Wissenschaftsdisziplin mit Nachdruck betonen. Der Ökonomie-Nobelpreisträger Paul A. Samuelson beispielsweise erklärt: „In unserem modernen Zeitalter gehört ein Grundverständnis der Spieltheorie zur elementaren Bildung." Und in der Tat sollte jeder, der von Berufs wegen Verhandlungen zu führen und Entscheidungen zu fällen hat, zumindest die Grundzüge des spieltheoretischen Denkens kennen.

Die Spieltheorie nimmt einem zwar nicht die Last der eigenen Entscheidung ab, sie legt jedoch die verschiedenen Entscheidungsoptionen offen und bringt sie in eine Rangfolge guter bis schlechter Handlungen. Damit hilft sie, sowohl die eigenen als auch die gegnerischen Handlungsoptionen und Präferenzen klarer zu erkennen sowie die Folgen des eigenen und fremden Handelns bereits im Vorfeld einzukalkulieren.

---

[86] David Friedman: *Der ökonomische Code. Wie wirtschaftliches Denken unser Handeln bestimmt*, München 2004, S. 239.

Geniestreich für Business-Strategen

„Es gibt zwei Arten von Menschen auf der Welt: Johnny von Neumann und wir alle anderen", soll der Physik-Nobelpreisträger Eugene Wigner voll Hochachtung über den Begründer der Spieltheorie gesagt haben.[87] John von Neumann, der im Jahr 1903 als János von Neumann zu Margitta in Budapest als Sohn eines jüdischen Bankiers zur Welt kam, zeigte schon als Kind phänomenale Intelligenzleistungen. Ganze Bücher soll er auswendig gelernt haben, und bereits als Sechsjähriger konnte er mit ungewöhnlich hoher Geschwindigkeit achtstellige Zahlen im Kopf dividieren.

Er studierte zunächst Chemie, wendete sich dann jedoch der Mathematik zu und erbrachte in einer Vielzahl mathematisch-naturwissenschaftlicher Bereiche Pionierleistungen. Im Jahr 1933 – in Deutschland waren die Nationalsozialisten an die Macht gekommen – wurde er als Professor für Mathematik an das *Institute for Advanced Study* in Princeton berufen. Dieses überaus elitäre Forschungsinstitut sollte unter anderem die wissenschaftliche Heimstätte für Koryphäen wie Albert Einstein, Kurt Gödel oder Robert Oppenheimer werden.

Von Neumanns Definition der Ordinalzahlen ist bis heute Standard, er war der Verfasser des ersten mathematisch ausgerichteten Buches zur Quantenmechanik, er entwickelte das erste numerische Verfahren zur Lösung von hyperbolischen partiellen Differentialgleichungen, er war einer der Pioniere des neuen Wissenschaftsgebiets der Informatik, insbesondere im Bereich der Rechnerarchitektur. Und er war am *Manhattan-Project* in Los Alamos beteiligt, dem ersten amerikanischen Nuklearbomben-Programm, anschließend half er bei der Entwicklung der ersten Wasserstoffbombe mit. Nach einer längeren Krebserkrankung verstarb er im Jahr 1957 – tief deprimiert, weil er glaubte, nicht sein gesamtes intellektuelles Potenzial ausgeschöpft zu haben.

Neben all diesen Pionierleistungen legte John von Neumann mit der formalisierten Analyse von Gesellschaftsspielen den Grundstein für die neue Wissenschaftsdisziplin der Spieltheorie. Schon im Jahr 1928 bewies er die Existenz einer optimalen Strategie in so genannten „Nullsummenspielen", also jenen Spielen, bei denen

---

[87] Zitiert nach David Friedman: Ebd., S. 211.

einem Gewinn der einen Seite ein entsprechender Verlust der anderen Seite gegenübersteht.

Bereits früh erkannte er die Bedeutung und Anwendbarkeit dieser Ansätze auf alltägliche, geschäftliche und politische Entscheidungssituationen. Zumal die neuen Instrumente insbesondere bei unvollkommener Kenntnis der Absichten des Gegenspielers handlungsleitend wirken können, was ein absolutes Novum darstellte. 1944 veröffentlichte er schließlich gemeinsam mit dem amerikanisch-österreichischen Wirtschaftswissenschaftler Oskar Morgenstern das Buch *Theory of Games and Economic Behavior*, das als Grundlegung der modernen Spieltheorie gilt und schnell zum modernen Klassiker avancierte.[88]

Was heißt Spiel?

Was heißt Strategie?

Wie bereits angedeutet, führt der Begriff „Spieltheorie" in die Irre. Denn es handelt sich nicht um eine pädagogisch relevante Beschäftigung mit spielerischen Dingen im Sinne des *homo ludens*, des spielenden Menschen. Vielmehr soll sie dem *homo oeconomicus*, dem ökonomisch denkenden Menschen, Entscheidungshilfen an die Hand geben. Der Begriff „Spiel" ist dabei als Metapher zu verstehen. „Ein Spiel ist eine Situation strategischer Interdependenz: Die Folgen Ihrer Entscheidungen hängen von den Entscheidungen einer anderen Person oder mehrerer anderer Personen ab, die zielgerichtet handeln", definieren Dixit und Nalebuff und ergänzen in einfacheren Worten: „Strategisches Denken ist die Kunst, einen Gegner zu überlisten, der das gleiche mit Ihnen versucht."[89]

Anders formuliert: Die Ziele der verschiedenen Akteure stehen oft miteinander in Konflikt. Bei mehr als zwei Spielern, was realen Handlungssituationen in der Regel entspricht, müssen neben konfrontativen Entscheidungen auch Chancen für Bündnisse in Betracht gezogen werden, was die Gesamtsituation noch komplexer gestaltet. Jetzt müssen gleichzeitig Konflikte und Kooperationsmöglichkeiten berücksichtigt werden. Die Strategie stellt dabei den

---

[88] John von Neumann, Oskar Morgenstern: *Theory of Games and Economic Behavior*, Princeton 1944 (auf Deutsch: *Spieltheorie und wirtschaftliches Verhalten*, Würzburg 1961).

[89] Avinash K. Dixit, Barry J. Nalebuff: *Spieltheorie für Einsteiger*, Stuttgart 1997, S. 84 und 1.

Plan dar, der es gestattet, in allen denkbaren Spielsituationen die bestmögliche Entscheidung zu treffen.

Als einfache Hilfsinstrumente dienen dabei Entscheidungs- beziehungsweise Spielbäume, also Wegediagramme, die die einzelnen Handlungsoptionen, die sich an jedem Entscheidungspunkt ergeben, Schritt für Schritt abbilden. Ein solches Diagramm sieht aus wie ein Baum, aus dem Äste wachsen, deshalb bezeichnet man es als „Entscheidungsbaum" (in Situationen, in denen nur eine Person handeln muss) beziehungsweise „Spielbaum" (für Situationen, in denen mehrere Personen agieren). Die Informationen des Baumdiagramms dienen dazu, alle künftigen Züge vorherzusagen und rückwärts vom besten Ergebnis die richtigen Entscheidungen abzuleiten.

Für komplexere „Spiele" benötigen wir eine tabellenartige Anordnung, eine so genannte Entscheidungsmatrix, in der die Ergebnisse, in der Fachsprache *Payoffs* genannt, für alle möglichen Entscheidungskombinationen eingetragen werden. Der Komplexität solcher „Spiele" sind kaum Grenzen gesetzt. Wirtschafts- und Naturwissenschaftler nutzen hochgradig ausdifferenzierte Computermodelle, um auf der Basis spieltheoretisch hergeleiteter Algorithmen Entscheidungssituationen zu simulieren. Der Aufwand, der für solche Simulationen betrieben werden muss, ist enorm und lässt sich nahezu beliebig steigern.

„Managern nutzt dagegen vor allem das der Theorie zu Grunde liegende Denkmuster", schreibt *Der Spiegel* und zitiert Peter Lorange, den Präsidenten der schweizerischen Business School IMD in Lausanne und Inhaber des dortigen Nestlé-Lehrstuhls für Strategie: „Was Manager heute brauchen, sind Werkzeuge, um die Komplexität der Probleme zu reduzieren."[90]

Spieltheoretische Grundlagen

Ganz in diesem Sinne sollen im Folgenden einige der zentralen Elemente der Spieltheorie vorgestellt werden, ohne deren mathematische Herleitung näher zu beleuchten. Dabei folgen wir im Wesentlichen den Ausführungen der beiden Ökonomen Avinash

---

[90] Michael Leitl: „Winkelzüge für Profis", in: *Spiegel-Online*, 29. März 2006.

K. Dixit und Barry J. Nalebuff, die zunächst vier grundlegende Regeln für das Verhalten in Spielsituationen formulieren.

Regel 1: „Schauen Sie voraus und schließen Sie von dort zurück."[91] Wer Schachspieler ist, kennt dieses Prinzip: Man denkt immer einige Züge voraus, und zwar sowohl die eigenen als auch die potenziellen Züge des Gegners, und wählt auf dieser Basis seinen jeweils nächsten Schritt. Je besser ein Spieler ist, desto weiter denkt er voraus – das gilt auch für das Kampagnenmanagement. Die Spieltheorie stellt für diese Vorausschau die Instrumente des Spielbaums sowie der Entscheidungsmatrix zur Verfügung.

Regel 2: „Wenn Sie eine dominante Strategie haben, dann verwenden Sie diese."[92] Das klingt einsichtig, wobei zunächst die Frage geklärt werden muss, was man unter einer dominanten Strategie versteht. Wenn es auf einer Seite eine Abfolge von Entscheidungen gibt, die besser ist als alle anderen Handlungspfade, und zwar unabhängig davon, was der oder die anderen Mitspieler tun, dann spricht man von einer dominanten Strategie. Existiert eine solche, ist es geboten, sie auch anzuwenden. Ein zusätzlicher Hinweis: In einer Entscheidungsmatrix ist die dominante Strategie insofern leicht zu erkennen, da ihre Zeile durchgehend besser ist als die anderen, das heißt, ihre Payoff-Beträge sind jeweils höher als diejenigen, die in den entsprechenden Feldern der anderen Zeilen eingetragen wurden.

Regel 3: „Streichen Sie alle dominierten Strategien aus ihren Überlegungen und führen Sie dieses Verfahren sukzessive weiter."[93] Dominierte Strategien sind eine Abfolge von Entscheidungshandlungen, bei denen Sie immer unterliegen, ganz gleich, was Sie tun. Insofern ist es naheliegend, diese Handlungsoptionen auszuschließen und im Verlauf des Spielprozesses immer wieder nach solchen schlechten Optionen zu suchen, um sie frühzeitig zu verwerfen.

Regel 4: „Wenn die einfachen Wege der Ermittlung dominanter Strategien oder der Eliminierung dominierter Strategien nicht mehr weiter führen, dann müssen Sie im nächsten Schritt nach einem Gleichgewicht des Spiels suchen."[94]

---

[91] Avinash K. Dixit, Barry J. Nalebuff: *Spieltheorie für Einsteiger*, Stuttgart 1997, S. 36.
[92] Ebd., S. 67.
[93] Ebd., S. 70.
[94] Ebd., S. 76.

Leichter gesagt als getan, denn wie findet man solch ein Gleichgewicht und was ist überhaupt darunter zu verstehen? Der Gleichgewichtsbegriff stammt ursprünglich aus der Physik und findet vor allem im systemischen Denken Anwendung. Einfach formuliert kann man festhalten, dass sich ein System dann im Gleichgewicht befindet, wenn es aus sich selbst heraus keine Kräfte entwickelt, um diesen Systemzustand zu verändern. Auf das Feld der Spieltheorie übertragen, bedeutet das eine Situation, in der keiner der Akteure einen Anreiz hat, als einziger von der Gleichgewichtsstrategie abzuweichen. Weicht dennoch ein einzelner Spieler ab, verschlechtert sich seine Auszahlung.

Als populäres Beispiel dafür wird häufig der Preiskampf zweier oder mehrerer Unternehmen genannt, die sich wechselseitig so lange unterbieten, bis der Marktpreis der Produkte nur noch knapp über den Produktionskosten rangiert. Unterbietet ein Unternehmen auch noch diesen Preis, verkauft es zwar wahrscheinlich mehr Produkte als seine Konkurrenten, allerdings zu einem Preis, der unterhalb der eigenen Kosten liegt, was schlussendlich zu Verlusten führt. Erhöht ein Unternehmen dagegen einseitig den Preis, um seine Gewinnmarge zu steigern, sind seine Produkte teurer als die der Konkurrenz und werden somit wahrscheinlich weniger nachgefragt. Auch in diesem Fall dürfte sich die Ertragssituation des Unternehmens verschlechtern. Es bleibt also für alle Beteiligten keine andere Alternative, als den aktuellen Preis beizubehalten – oder gemeinsam und gleichzeitig den Preis zu erhöhen, womit der Schritt von der Konfrontation zur Kooperation getan wäre. In diesem Beispielsfall würden jedoch kartellrechtliche Bestimmungen einer solchen Preisabsprache im Wege stehen.

Dieser strategische Gleichgewichtszustand wird nach seinem Entdecker als *Nash-Gleichgewicht* bezeichnet. John Nash hatte dieses Konzept bereits in sehr jungen Jahren als Doktorand entwickelt und schon 1950 in seiner Doktorarbeit erstmals veröffentlicht. Es sollte allerdings etwas mehr als vier Jahrzehnte dauern, bis er dafür mit dem Nobelpreis für Ökonomie ausgezeichnet wurde. Das durchaus abenteuerliche Leben des an schizophrenen Schüben leidenden Ausnahmewissenschaftlers war vor einigen Jahren übrigens Gegenstand des Hollywood-Films *A Beautiful Mind*, in dem Russel Crowe den brillanten und gleichzeitig innerlich zerrissenen Mathematiker spielte.

Strategische Verhaltensmuster

Nachdem die wesentlichen Grundlagen vorgestellt sind, können auf deren Basis einige strategische Verhaltensmuster präsentiert werden, die von der Spieltheorie entdeckt wurden. Kampagnenmanager dürften ihnen im Alltag immer wieder begegnen – ob bewusst wahrgenommen oder nicht. Aber es ist wie immer im Leben: Besser man weiß Bescheid, was um einen herum passiert.

Tit-for-Tat

Der Name dieser Verhaltensregel ist eine Verballhornung des englischen *this for that*. Es handelt sich um die konsequente Anwendung der Regel: „Wie du mir, so ich dir." Präziser gesagt wird bei dieser Strategie zunächst kooperiert, anschließend jeweils das Verhalten des Gegners kopiert. Schädigt er Sie, schädigen Sie ihn. Kehrt er zu kooperativem Verhalten zurück, kehren Sie zu kooperativem Verhalten zurück. Einige Politikwissenschaftler und Ökonomen halten *Tit-for-Tat* für das effizienteste Verhandlungsprinzip, das es gibt. Andere warnen jedoch davor, dass es die Gefahr einer Kettenreaktion der Eskalation in sich berge.

Brinkmanship

Während *Tit-for-Tat* das Prinzip der kleinen Schritte darstellt, wird beim *Brinkmanship* alles auf eine Karte gesetzt. Es ist die bewusst herbeigeführte Eskalation einer Verhandlungssituation. Alltagssprachlich kann man es als Spiel mit dem Abgrund bezeichnen. „*Brinkmanship* ist die absichtliche Erzeugung eines erkennbaren Risikos, eines Risikos, das man nicht vollständig kontrolliert. Es ist die Taktik (sic!), die Situation mit Absicht außer Kontrolle geraten zu lassen, nur damit dieses Außer-Kontrolle-Geraten für die andere Seite unerträglich wird, und sie nachgibt", schreibt Thomas Schelling.[95] Die Gefahr dieses Prinzips liegt auf der Hand: Es kann sein, dass die Situation tatsächlich eskaliert, weshalb dieser Fall von Anfang an mit ins Kalkül gezogen werden muss.

---

[95] Thomas Schelling: *The Strategy of Conflict*, Cambridge 1960, S. 200.

Selbstbindung

Eng mit dem *Brinkmanship* verwandt ist das Prinzip der Selbstbindung. Dabei handelt es sich um einen strategischen Zug, der die unbedingte Glaubwürdigkeit Ihrer Aktion unterstreichen soll. Und zwar, indem Sie sich in Ihrer eigenen Handlungsfreiheit absichtlich beschränken. Weshalb Sie das tun sollten? Ganz einfach: „Eine Aktion, die geändert werden kann, verliert bei einem strategisch geschulten Rivalen ihren strategischen Effekt."[96] Heeresführer wendeten dieses Prinzip bereits vor vielen Jahrhunderten an. Schon im Jahr 1066 befahl Wilhelm der Eroberer seinen Truppen, die Schiffe zu verbrennen, mit denen sie nach England gekommen waren. Genauso agierte der spanische Konquistador Hernán Cortés, der Anfang des 16. Jahrhunderts an der mexikanischen Küste seine Schiffe zerstören ließ, um dadurch sich und seinen Soldaten die Möglichkeit der Rückkehr nach Spanien zu nehmen. Die Männer waren damit bedingungslos an ihren Heeresführer gebunden.

Vermeidung der gegnerischen Selbstbindung

Wer das Prinzip der Selbstbindung kennt, kann es sich auch in umgekehrter Weise zunutze machen. Sun Tsu schreibt dazu: „Lasse ein Schlupfloch frei, wenn du eine Armee umzingelst."[97] Denn wenn die gegnerischen Soldaten über keinen solchen Ausweg mehr verfügten, müssten sie mit dem Mut der Verzweiflung kämpfen. Die Selbstbindung wäre absolut und ließe den Soldaten keine andere Wahl, als bis zum letzten Mann zu fechten, was auch Ihre Verluste erhöhen würde. Dieses Prinzip ist selbstredend nicht nur auf dem Schlachtfeld von großer Bedeutung, vielmehr sollte es auch in öffentlichen Diskussionsrunden oder bei geschäftlichen Verhandlungen berücksichtigt werden. Lassen Sie Ihrem Gegner immer einen Ausweg, der es ihm ermöglicht, sein Gesicht zu wahren. Auf diese Weise wird er Ihnen wesentlich schneller nachgeben.

---

[96] Avinash K. Dixit, Barry J. Nalebuff: *Spieltheorie für Einsteiger*, Stuttgart 1997, S. 139.
[97] Sun Tsu: *Die Kunst des Krieges*, München 1998, S. 74.

Bandwagon-Effekt

Der *Bandwagon-Effekt* trägt seinen Namen in Anlehnung an jenen Festwagen, auf dem die Musikkapelle spielt und der bei Umzügen vorausfährt. Als *Bandwagon* zieht er das Publikum hinter sich her. Vereinfacht ausgedrückt, wird damit der „Mitläufereffekt" beschrieben. Oder anders formuliert, die Erkenntnis, dass man nicht alle umzustimmen braucht, um einen Meinungsumschwung durchzusetzen, sondern dass es genügt, eine kritische Masse zu überzeugen. Danach kippt die Stimmung und alle anderen folgen. Dieser Effekt ähnelt jenem sozialen Phänomen, das Elisabeth Noelle-Neumann in ihrem Buch *Die Schweigespirale* beschrieben hat.[98] Dixit und Nalebuff verweisen darüber hinaus auf den werbepraktischen Aspekt: „Der Übergang von einem Gleichgewicht zum anderen kann am besten durch eine kurze und intensive Kampagne erreicht werden. Der Trick besteht darin, eine kritische Masse von Leuten zum Wechsel zu bewegen. Der *Bandwagon-Effekt* sorgt dann dafür, dass das neue Gleichgewicht sich selber stabilisiert. Im Gegensatz dazu hätte geringer Druck, der über lange Zeit aufrechterhalten wird, nicht dieselbe Wirkung."[99]

Zufallsgemischte Strategien

Wer nach einem Aktionsplan agiert, der einem festen Handlungsmuster folgt, geht das Risiko ein, dass die Gegenseite dieses zu Grunde liegende Muster erkennen und damit die nachfolgenden Schritte frühzeitig voraussehen kann. Kurz: Man geht die Gefahr ein, berechenbar zu werden und damit an Schlagkraft und Effektivität zu verlieren. Um das zu verhindern, empfiehlt es sich, immer wieder zufallsgesteuerte, so genannte randomisierte Verhaltensweisen einzubauen. Zufallsgemischte Strategien machen Ihrem Gegner das Leben schwerer, weil er nicht weiß, wann und wo er mit Ihrem nächsten Zug rechnen muss. Staatliche Einrichtungen nutzen dieses Prinzip auf vielfache Weise. Denken Sie beispielsweise an unregelmäßig durchgeführte Geschwindigkeitskontrollen im Straßenverkehr, an Steuerprüfungen oder an Alkohol- und Dro-

---

[98] Elisabeth Noelle-Neumann: *Die Schweigespirale. Öffentliche Meinung – unsere soziale Haut*, München 1980.
[99] Avinash K. Dixit, Barry J. Nalebuff: *Spieltheorie für Einsteiger*, Stuttgart 1997, S. 247.

gentests. Mit relativ geringen Überwachungskosten wird auf diese
Weise ein relativ hohes Maß an Regeltreue gesichert.

Was das *Asch-Paradigma* lehrt

Die moderne Spieltheorie bietet wertvolle Hilfsmittel zur Ent-
scheidungsfindung, aber um Missverständnissen vorzubeugen: Sie
nimmt Ihnen die Last der Entscheidung nicht ab. Genauso wenig,
wie es angeheuerte Berater oder Analysten tun können. Auch große Teamsitzungen und stundenlange Meetings helfen nur begrenzt
weiter. Zur Zeit mögen zwar Schlagworte wie „Schwarmintelli-
genz" oder „Weisheit der Vielen" *en vogue* sein und dem vielge-
rühmten Businessprinzip des Teamworks neues Leben einhau-
chen.[100] Aber schon David Ogilvy schrieb: „Ich halte dieses Über-
bewerten des ‚Teamworks' für Humbug – eine Verschwörung der
Mittelmäßigkeit. Keine Anzeige, kein Fernsehspot und kein Image
eines Produkts kann von einem Komitee geschaffen werden."[101]
    Kreative Entscheidungen sind besonders schwierig zu fällen,
weil objektive Maßstäbe weitgehend fehlen. Was ist gute Werbung, was ist schlechte? Was ist das „richtige" grafische Erschei-
nungsbild? Welcher Claim ist am schlagkräftigsten? Im Nachhinein sind diese Fragen einfach zu beantworten. Klar, das Rot von
Coca-Cola ist eine tolle Farbe. Der angebissene Apfel von *Apple*
ein einprägsames Logo. Und der Claim „Geiz ist Geil" der Han-
delskette *Saturn* ein genialer Kunstgriff, um eine Zeitstimmung auf
den Punkt zu bringen. Aber hätten Sie das auch vorher gewusst?
Bevor der Erfolg alle Zweifler verstummen ließ. Und – was noch
wichtiger ist – wären Sie bereit gewesen, dafür zu kämpfen? Gegen eine Übermacht aus Pessimisten, Bedenkenträgern und sonsti-
gen „Experten", die oft wahre Meister darin sind, Kampagnenent-
würfe zu verschlimmbessern, sobald sie auf dem Präsentationstisch
liegen.
    Doch genau darauf kommt es an. Kreative Entscheidungen er-
fordern Mut und müssen aktiv gefällt werden. Gruppendiskussionen helfen da meistens nicht weiter. Oft erfüllen sie lediglich eine

---

[100] Vgl. beispielsweise: James Surowiecki: *Die Weisheit der Vielen*, München
2005.
[101] David Ogilvy: *Geständnisse eines Werbemannes*, München 1991, S. 195.

Alibi-Funktion, um die eigene Entscheidungsschwäche zu kaschieren.

Sie halten das für starke Worte? Mag sein. Allerdings werden sie durch wissenschaftliche Erkenntnisse gestützt. Solomon E. Asch, ein polnisch-amerikanischer Professor für Psychologie und einer der weltweit renommiertesten Pioniere der Sozialpsychologie, führte in den 1950er Jahren diverse Experimente zum Gruppenverhalten durch.[102] Das Ergebnis: Diskussionen innerhalb von Gruppen führen zu einer Angleichung von Meinungen. Bis zu diesem Punkt mag das noch nicht weiter überraschen, schließlich werden aus eben diesem Grund Diskussionen geführt. Es geht schließlich darum, einen Kompromiss zu finden, oder etwa nicht?

Doch Vorsicht: „Was dabei oft verwechselt wird, ist der in einer Gruppe erzeugte Konsens über einen Sachverhalt mit der problemadäquaten Kenntnis desselben Sachverhalts", schreibt Walter Schönwandt in seinem sehr lesenswerten Buch über *Denkfallen beim Planen*.[103] Einfacher ausgedrückt: Schönwandt warnt davor, den in einer Diskussion ermittelten Kompromiss automatisch mit der besten Lösung für das zur Diskussion stehende Problem gleichzusetzen. Oft steht dieser Kompromiss sogar in Widerspruch zu einer deutlich besseren Lösung.

Wie Schönwandt zu dieser Behauptung kommt? Er beruft sich dabei auf das zweite Ergebnis des Experiments von Solomon Asch, das zu Ehren seines Entdeckers den Namen *Asch-Paradigma* trägt. In Kurzform lautet es: Gruppendiskussionen erzeugen einen Konformitätsdruck, der eine Person so stark beeinflussen kann, dass sie eine offensichtlich falsche Aussage als richtig bewertet. Oder anders ausgedrückt: „Dieses als *Asch-Paradigma* bezeichnete Resultat zeigt, dass korrekte Ansichten gelegentlich revidiert werden, nur weil die Mehrheit anderer Meinung ist."[104]

Professor Asch stellte in seinem Experiment eine Gruppe von Personen vor die Aufgabe, die Länge von jeweils drei vertikalen Linien, die sich in ihren Abmessungen deutlich voneinander unterscheiden, mit einer vierten Referenzlinie zu vergleichen. Wichtig dabei war, dass die Aufgaben nicht allzu schwer sein durften. Eine

---

[102] Solomon E. Asch: „Effects of Group Pressure upon the Modification and Distortion of Judgements", in: Harold Guetzkow (Hg.): *Groups, Leadership, and Men*, Pittsburg 1951, S. 177–190.
[103] Walter Schönwandt: *Denkfallen beim Planen*, Braunschweig 1986, S. 68.
[104] Ebd.

der drei Linien musste klar ersichtlich als gleich lang wie die Referenzlinie zu erkennen sein. Bei einer Kontrolluntersuchung in Form von Einzelbefragungen erkannten auch tatsächlich 99 Prozent der Versuchspersonen fehlerfrei die richtigen Linien.

Ganz anders sah das Ergebnis im Gruppenexperiment aus. Jetzt saßen zwischen sieben und neun Personen in einem Konferenzraum. Ein Versuchsleiter erklärte den Anwesenden, dass es sich um ein „Experiment zur visuellen Diskrimination" handeln würde und dass sie die Aufgabe hätten, jeweils die gleich lange Linie zu einer Referenzlinie zu suchen. Was die tatsächliche Versuchperson – pro Experimentalanordnung jeweils nur eine – jedoch nicht wusste, war der Umstand, dass die anderen Personen am Konferenztisch keine Teilnehmer waren. Sie waren vielmehr Bestandteil der Versuchsanordnung: Pseudo-Testpersonen, die vom Versuchsleiter im Vorfeld instruiert worden waren, ihr Votum nach einem festgelegten Schema abzugeben.

Jede Gruppe hatte 18 der oben beschriebenen Schätzaufgaben zu lösen. Für sechs dieser Durchgänge waren die Pseudo-Testpersonen angewiesen worden, ein jeweils richtiges Urteil abzugeben, um glaubhaft zu wirken. In den anderen zwölf Durchgängen, die per Zufallswahl unter die sechs richtigen Durchgänge gemischt wurden, sollten die Pseudo-Testpersonen einstimmig ein falsches Urteil abgeben.

Das erstaunliche Ergebnis: Was bei Einzelbefragungen ein Kinderspiel gewesen war, wuchs jetzt zu einer schier unlösbaren Herausforderung heran. Keine einzige Versuchsperson war in der Lage, alle Aufgaben fehlerfrei zu lösen. Im Durchschnitt machten die Testpersonen in 37 Prozent der Fälle Fehler, das heißt, sie passten sich bei mehr als einem Drittel der Aufgaben der Mehrheitsmeinung an, obwohl die richtige Lösung eigentlich offenkundig gewesen war.

Solomon Aschs Gruppenexperiment hatte massiven Einfluss auf weite Teile der Sozialpsychologie. Stanley Milgram ließ sich dadurch ebenso inspirieren wie Elisabeth Noelle-Neumann und viele andere. Im Anschluss an Aschs Studie wurde dieses „Konformitätsexperiment" in zahlreichen Varianten wiederholt – und dabei in seiner Grundaussage immer wieder bestätigt. Wobei zwei ergänzende Ergebnisse von besonderem Interesse sind: Erstens lässt die Anwesenheit eines „Partners", der dieselbe (richtige) Meinung vertritt, die Anzahl der angepassten falschen Antworten auf etwa ein Viertel des ursprünglichen Werts sinken.[105] Zweitens zeigt sich, dass mit steigender Gruppengröße der Konformitätsdruck erhöht wird, also die Fehlerrate zunimmt.

Was lernen wir daraus?

1. Vertrauen Sie auf Ihre eigene Meinung und stehen Sie zu ihr.
2. Setzen Sie Gruppenmeetings maximal während der Phase des Brainstormings ein, nie jedoch für konzeptionelle Arbeiten oder gar Entscheidungsprozesse.
3. Verteidigen Sie die Konzeption Ihrer Kampagne, wenn es sein muss auch gegen starken Widerstand. Eine gegnerische Mehrheitsmeinung vertritt schließlich nicht zwingend eine bessere Position.
4. Seien Sie bereit, Entscheidungen zu fällen und deren Konsequenzen zu tragen.

Und als Ergebnis der zuvor dargestellten Aspekte können diese vier Hinweise um einen weiteren ergänzt werden: Investieren Sie ausreichend Zeit und Energie in die strategische Konzeption Ihrer Kampagne. Nutzen Sie dafür die in diesem Kapitel vorgestellten Instrumente. Und denken Sie immer daran: Was Sie an strategisch-konzeptioneller Arbeit sparen, werden Sie später teuer bezahlen.

---

[105] Ebd.

KAPITEL 3
DIE PRODUKTION EINPRÄGSAMER MOTIVE

Horst Teltschik, der wichtigste außenpolitische Berater Helmut Kohls, war neben vielen anderen Dingen auch für die Organisation des „Strickjacken-Gipfels" im Kaukasus mitverantwortlich. Der Politikwissenschaftler wechselte nach der Bundestagswahl 1990 in die Privatwirtschaft, war zunächst Geschäftsführer der Bertelsmann-Stiftung, anschließend Vorstandsmitglied von BMW und schließlich bis 2006 Präsident von Boeing Deutschland. Außerdem leitet er seit vielen Jahren die Münchner Konferenz für Sicherheitspolitik.

WELTPOLITIK IN STRICKJACKEN

Stawropol im Kaukasus. Im Sommer 1990 wird in diesem ländlichen Flecken des sowjetischen Hinterlands Weltgeschichte geschrieben. Das legendäre Treffen zwischen Helmut Kohl und Michail Gorbatschow gilt als einer der Meilensteine auf dem Weg zur deutschen Einheit. Gleichzeitig schuf es eines der wirkmächtigsten Bilder der jüngeren Geschichte: den „Strickjacken-Gipfel".

Selten hat man den mächtigsten Mann der Sowjetunion in der Öffentlichkeit so entspannt gesehen. In Wollpulli statt Anzug gekleidet saß Michail Gorbatschow auf einem groben Holzstuhl, der eigentlich mehr wie ein zugesägter Baumstamm aussah als wie ein richtiger Stuhl. Der Generalsekretär des Zentralkomitees der KPdSU hatte Gäste, mit denen er sich prächtig zu unterhalten schien. Lachende Gesichter deuteten auf eine ausgelassene Stimmung. Zu seiner Linken saß der deutsche Bundeskanzler Helmut Kohl, ebenfalls in eine legere Strickjacke gekleidet. Man scherzte miteinander, man verstand sich. Mehr noch: Man war sich einig. Genau das sollte dieses Bild ausdrücken.

Wollpulli und Strickjacke – die Betonung der Kleiderfrage erfolgt an dieser Stelle nicht ohne Grund. Lehrt uns doch die Semiotik, die wissenschaftliche Lehre von der Bedeutung der Zeichen, auf solche vermeintlichen Kleinigkeiten zu achten. Denn oft transportieren sie auf verdeckten Wegen bewusst oder unbewusst platzierte Botschaften. Und auch an diesem frischen Sommertag Mitte Juli des Jahres 1990 wurde im Kaukasus diese Form der Bekleidung mit Bedacht gewählt.

Sie drückte gleichzeitig zwei Dinge aus. Zum einen die bewusst platzierte Botschaft, dass es sich bei dieser Zusammenkunft zweier mächtiger Staatsmänner um ein fast schon privates, zumindest aber freundschaftliches Treffen handelte. Zum anderen signalisierte diese Kleiderordnung – wahrscheinlich eher unbeabsichtigt – die hierarchische Ordnung der Anwesenden. Denn obwohl fast zwanzig Personen abgebildet sind, tragen lediglich Gorbatschow und Kohl diese Art der Freizeitbekleidung.

Der deutsche Außenminister Hans-Dietrich Genscher, der als einziger immerhin neben Gorbatschow und Kohl auf den groben Holzstühlen Platz nehmen durfte, trägt einen dunklen Anzug und Krawatte. Er ist zwar dabei, aber eben lediglich als Funktionsträger – das legt zumindest die Sprache der Zeichen nahe. Gleiches gilt für seinen sowjetischen Amtskollegen Eduard Schewardnadse, der sich mit dem restlichen Tross im Halbkreis um die Sitzgruppe aufgestellt hat, und der ebenfalls die weltweite Einheitskleidung des Spitzenpolitikers trug: dunkler Anzug, weißes Hemd, dezente Krawatte. Die gesamte Entourage, zu der unter anderem auch der deutsche Finanzminister Theo Waigel gehörte, hielt sich an diesen Dresscode.

Auch der Mann, der ganz links auf dem Bild seinen Platz gefunden hat, und der besonders fröhlich in die Kamera blickte, trug pflichtgemäß Anzug und Krawatte. Ein deutscher Spitzenbeamter mit braunem, lockigem Haar und großer Brille. Sein Name: Horst Teltschik. Der studierte Politikwissenschaftler galt zu diesem Zeitpunkt als wichtigster außenpolitischer Berater von Helmut Kohl. Er war einer der engsten Vertrauten des Bundeskanzlers, der ihm schon während dessen Regentschaft als rheinland-pfälzischer Ministerpräsident in der Mainzer Staatskanzlei gedient hat und anschließend mit seinem Dienstherrn nach Bonn gewechselt war. Teltschik war einer der Organisatoren dieses besonderen Gipfeltreffens.

Von 1982 bis 1990 leitete Horst Teltschik im Bundeskanzleramt die Abteilung „Auswärtige und innerdeutsche Beziehungen, Entwicklungspolitik, Äußere Sicherheit". Nach der Bundestagswahl 1990 wechselte er in die Privatwirtschaft, war zunächst Geschäftsführer der *Bertelsmann-Stiftung*, anschließend Vorstandsmitglied von *BMW* und schließlich Präsident von *Boeing Deutschland*. Daneben ist der 67-jährige Grenzgänger zwischen Politik und Wirtschaft seit einigen Jahren als Tagungsleiter der *Münchner Konferenz für Sicherheitspolitik* tätig und nicht nur in dieser Funktion auch immer wieder in den Medien präsent.

Dieser Mann, so scheint es, hat mit der Gegenkultur nicht viel am Hut. Ein konservativer Spitzenbeamter, der anschließend erfolgreich als Manager in der Privatwirtschaft gearbeitet hat. Und doch gibt es da eine gewisse Überschneidung. Er selbst bezeichnet sich als „gestählter 68er". Als einen, der während der Studentenrevolte mitten drin gewesen war, der allerdings als Vorsitzender des

Rings Christlich-Demokratischer Studenten (RCDS) an der FU Berlin auf der anderen Seite des Protests gestanden habe. Dem Bayrischen Rundfunk hat er einmal erklärt: „Wir haben Rudi Dutschke und seine Genossen zu bekämpfen versucht. Wir waren so natürlich auch gezwungen, Lenins *Was tun?* oder von Marcuse *Der eindimensionale Mensch* zu lesen. Vieles von dem würde ich heute freiwillig nicht mehr lesen."[106]

Teltschik lernte die Aktionsformen der revoltierenden Studenten aus direktem Erleben kennen. Er ist Zeitzeuge und war manches Mal Betroffener. Kein Wunder, dass er nicht tatenlos blieb. Mit seinen konservativen Mitstudenten vom RCDS entwickelte er geeignete Gegenmaßnahmen. Es ging um die politische Deutungshoheit an den Universitäten. Wobei erwähnt werden sollte, dass Teltschik keineswegs zu den konservativen Hardlinern gehörte.

Sein damaliger Mentor war Professor Richard Löwenthal, ein sozialdemokratisch ausgerichteter Politikwissenschaftler. Ein jüdischer Intellektueller, der während der Nazi-Diktatur im Exil lebte und in mehreren sozialistischen Widerstandsbewegungen mitgearbeitet hat. Teltschik selbst erinnert sich an seinen einstigen Hochschullehrer als einen „gebrechlichen älteren Herrn: klein, zierlich und manchmal etwas kränklich. Aber er war ein Kämpfer!" Doch die Studentenbewegung mit ihren lauten und provokativen Aktionsformen sowie ihrem linksradikalen Anstrich erschreckte den Politikwissenschaftler. Für Löwenthal war das nichts anderes als „eine rückwärts gewendete Revolution".

Entgegen der Wirkung mancher Fernsehauftritte ist Horst Teltschik im direkten Gespräch ein freundlicher und angenehmer Gesprächspartner. Höflich, kultiviert und mitteilsam. Auf die Frage, weshalb dieser deutsch-sowjetische Gipfel im Sommer 1990 ausgerechnet im Kaukasus stattfand, Gorbatschows alter Heimat, überlegt er nicht lange: „Ich war im Mai 1990 zu Geheimgesprächen in Moskau. In einem dieser Gespräche habe ich Gorbatschow daran erinnert, dass er dem Bundeskanzler einmal angeboten hat, ein Treffen in seiner Heimat durchzuführen. Und da habe ich ihm gesagt, dass es doch eine gute Idee wäre, wenn das nächste Zusammentreffen dort stattfinden könnte."

---

[106] Bayrischer Rundfunk: *Prof. Dr. h.c. Horst Teltschik im Gespräch mit Andreas Bönte*, Sendetag: 14.06.2005, 20.15 Uhr, www.br-online.de/alpha/forum/vor0506/20050614_i.shtml.

Den Grund dafür braucht er nicht eigens zu erwähnen: Die politische Lage innerhalb des deutschen Einigungsprozesses war damals angespannt. Die von der Bundesrepublik favorisierte „schnelle Lösung" schien gefährdet. Umso wichtiger war es, positive
Nachrichten zu produzieren. Teltschik wusste um die Macht sym-
bolischer Bilder in schwierigen politischen Phasen. Und er ist noch
heute von der besonderen Atmosphäre dieses Gipfeltreffens einge-
nommen. „Lassen Sie mich dazu eine kurze Szene schildern: Präsident Gorbatschow hat mit Bundeskanzler Kohl und dem ganzen
Tross am ersten Abend einen kurzen Spaziergang gemacht. Unser
Weg verlief entlang einer Almwiese, die in voller Blüte stand.
Plötzlich lief Raisa Gorbatschowa spontan in diese Wiese hinein,
um einen kleinen Blumenstrauß zu pflücken, den sie Helmut Kohl
überreichte. Eine eindeutige Geste, wie überhaupt der Ort der Veranstaltung ein deutliches Signal war."

Politik kann so einfach sein. Und so menschlich. Aber Vorsicht!
Horst Teltschik ist ein Medien-Profi, der die besondere Fähigkeit
besitzt, bei der Betrachtung politischer Probleme nahezu nach Be-
lieben den Komplexitätsgrad der Darstellung nach oben oder unten
zu verschieben. Je nachdem, was eine Situation gerade erfordert.
Und manchmal benötigt eine politische Konstellation eben eine
deutliche Komplexitätsreduktion, zumindest in ihrer medialen Darstellung. Der Erfolg gibt Teltschik sicherlich Recht: Das Treffen
zwischen Gorbatschow und Kohl, die besondere Form und der
außergewöhnliche Ort, erfüllten in jeder Hinsicht die gewünschte
Wirkung. Es wurde ein Bild geschaffen, dass inzwischen als Ikone
des kollektiven Gedächtnisses bezeichnet werden kann. Schon
nach wenigen Tagen war nur noch vom „Strickpullover-Gipfel"
die Rede.

Kohl und Gorbatschow in privater Atmosphäre. Dass ein ganzer
Tross von Ministern und Spitzenbeamten um sie herum stand,
wurde in der kollektiven Erinnerung bereits nach kürzester Zeit
ausgeblendet. Was blieb, war das Bild des legendären Zusammen-
sitzens zweier Staatenlenker, bei dem Helmut Kohl von seinem
Freund Michail Gorbatschow die Einwilligung zur deutschen Einheit bekam. Sozusagen per Handschlag. Weltpolitik unter Freunden, ausgehandelt auf grob zugesägten Holzstühlen. Das war die
Botschaft, die dieses Bild transportierte – und transportieren sollte.
Denn damit wurden die komplexen und oft ermüdenden Verhandlungen überdeckt, die in Wahrheit die vorausgegangenen Wochen

und Monate geprägt hatten. Deutschlands Weg zur Einheit war nämlich mitnichten eine Sache, die man bei einem vertraulichen Gespräch vor schöner Kulisse klärte.

Gerade einmal neun Monate zuvor war in Berlin die Mauer gefallen. Und während die Menschen auf der Straße damals noch tanzten, begannen bereits hinter den Kulissen Staatschefs und Politiker mit dem diplomatischen Tauziehen. Die Siegermächte des Zweiten Weltkriegs bezogen ihre Positionen. Während die Vereinigten Staaten von Amerika unter Präsident George Bush Senior die Wiedervereinigung Deutschlands befürworteten und teilweise sogar aktiv unterstützten, blickten Frankreich und vor allem Großbritannien äußerst skeptisch auf ein vergrößertes Deutschland im Herzen Europas. Großbritanniens „Eiserne Lady" Maggie Thatcher machte keinen Hehl daraus, dass ihr ein dauerhaft geteiltes Deutschland deutlich besser gefiel als ein vereintes. Auch Frankreichs Präsident François Mitterand war „kein begeisterter Anhänger der deutschen Einheit", wie er selbst in internen Gesprächen bekundet haben soll.

Und auch die Sowjetunion ließ anfangs an ihrer Ablehnung eines wie auch immer gearteten Zusammenschlusses beider deutscher Teilstaaten keine Zweifel. Zudem war Gorbatschows Macht brüchig, auch wenn dies in der Öffentlichkeit, insbesondere im Westen, noch nicht in vollem Ausmaß wahrgenommen wurde. Sein Handlungsspielraum war stark eingeschränkt, das wusste die deutsche Seite. Und insbesondere die NATO-Mitgliedschaft eines wiedervereinigten Deutschlands stellte einen Verhandlungspunkt dar, den der Generalsekretär Teilen der alten Sowjetbürokratie nur schwerlich vermitteln konnte.

„Die Strategie des Bundeskanzlers war, dass wir ein Paket von Angeboten haben müssen, um Präsident Gorbatschow diese Entscheidung zu erleichtern", erläutert Teltschik. „Dieses Paket umfasste unter anderem Lebensmittellieferungen und Kreditzusagen in Höhe von fünf Milliarden D-Mark." Helmut Kohl setzte in enger Absprache mit den amerikanischen Verbündeten auf eine rasche Wiedervereinigung und flankierte seine Vorstöße mit dem Versprechen großzügiger Finanzhilfen.

„Der entscheidende Durchbruch erfolgte aber durch das Angebot des Bundeskanzlers, mit der Sowjetunion einen bilateralen Vertrag über Partnerschaft und Zusammenarbeit zu verhandeln und diesen direkt nach der Wiedervereinigung zu unterzeichnen", so

Teltschik. „Der sowjetische Außenminister Schewardnadse sagte damals: ‚Herr Bundeskanzler, das war genau das, was wir noch brauchten, um im Obersten Sowjet den Durchbruch zu erzielen.'" Denn Anfang Juli 1990 fand in Moskau der XXVIII. Parteitag der KPdSU statt. Ein Forum, auf dem neben vielen offiziellen Sachfragen in Wirklichkeit über das Schicksal Gorbatschows entschieden wurde.

Der Westen – und insbesondere Deutschland – waren sich dessen voll und ganz bewusst. Deshalb ließen sie dem Generalsekretär und seinem Außenminister Eduard Schewardnadse flankierende Unterstützung zukommen: Auf einer zeitgleich stattfindenden Gipfelkonferenz der NATO in London verabschiedeten deren Mitgliedstaaten eine Erklärung, in der ein grundlegender Wandel der Allianz angekündigt wurde. Die Botschaft, dass alte Feindbilder bröckelten, war eindeutig. Und sie wurde auch in Moskau verstanden. Am 10. Juli 1990 wurde Gorbatschow mit klarer Mehrheit in seinem Amt bestätigt. Eine seiner ersten Amtshandlungen nach seiner Wiederwahl bestand darin, Bundeskanzler Kohl nach Moskau und anschließend in seinen Heimatort Stawropol im Kaukasus einzuladen.

„Ich habe diese Einladung in seine Heimat als eine ganz besondere Geste verstanden", erinnerte sich Kohl später. „Unsere Gespräche waren von größter Offenheit und ... von persönlicher Sympathie geprägt. Mit dazu beigetragen hat das Umfeld, das wir vorgefunden haben, die herzlichen Begegnungen mit den Menschen in Stawropol oder mit jenen Bauern auf einem Getreidefeld, die wir nach einer Zwischenlandung mit dem Hubschrauber aufgesucht haben."

Horst Teltschik, auch viele Jahre nach seinem offiziellen Ausstieg aus der aktiven Politik, noch ganz der gerissene Polit-Stratege, ergänzt zur Bedeutung des Gipfeltreffens im Kaukasus: „Am eindrücklichsten ist natürlich das Ergebnis. Alle zu diesem Zeitpunkt offenen Fragen – wie volle Souveränität des wiedervereinigten Deutschlands, wie NATO-Beitritt, wie Truppenpräsenz – sind einvernehmlich geregelt worden. Das war sensationell und ist auch von den Medien so verstanden worden."

Aber war das tatsächlich so?

Schließlich hatte Gorbatschow bereits Ende Mai 1990 erklärt, dass die Sowjetunion die vollständige NATO-Mitgliedschaft eines wiedervereinigten Deutschlands akzeptieren würde. Diese Erklärung hatte der Generalsekretär des Zentralkomitees der KPdSU nicht irgendwo abgegeben, sondern in Washington, der Hauptstadt der zweiten Supermacht des zu Ende gehenden Kalten Krieges. Gorbatschow hatte seine Einwilligung bereits offiziell Präsident Bush überbracht und anschließend auf einer Pressekonferenz der Weltöffentlichkeit präsentiert – mehrere Wochen vor dem als historisch bezeichneten Gipfeltreffen war die entscheidende Frage also bereits gelöst.

Warum ging dennoch das Treffen im Kaukasus vom Juli 1990 ins kollektive Gedächtnis ein und nicht Gorbatschows Proklamation vom Mai desselben Jahres? „Ganz einfach, weil Gorbatschows Äußerung im Mai 1990 in einer Pressekonferenz erfolgt ist, aber nicht gegenüber der Bundesregierung." Teltschik lässt sich so leicht nicht aus dem Konzept bringen. „Und entscheidend war die Aussage uns gegenüber. Die Pressekonferenz in Washington war ein Signal aber keine offizielle Stellungnahme."

Vielleicht liegt es aber auch einfach daran, dass das Bild dieser beiden mächtigen Männer in ihren rustikalen Strickpullis, die in einem halbverlassenen Kaukasusdorf am runden Holztisch sitzen, wesentlich einprägsamer ist, als die austauschbar erscheinende Momentaufnahme irgendeiner Pressekonferenz. Politik wird auf diesem grobem Holzgestühl plötzlich greifbar, wird aus den vermeintlich dunklen Hinterzimmern der Macht auf die Bühne des realen Lebens geholt. Da sitzen nicht mehr nur zwei Politiker, zwei austauschbare Funktionsträger, sondern plötzlich sehen wir zwei Menschen, zwei Individuen wie du und ich, mit einer privaten Geschichte, die etwas zu verhandeln haben. Das ist die spezifische *Story* dieses Bildes. Und darin dürfte der Grund seiner Wirkung zu sehen sein.

Machen Sie den Test: Gehen Sie auf die Straße und fragen Sie eine Auswahl beliebiger Passanten, wann die Sowjetunion zum ersten Mal ihr Einverständnis für die deutsche Einheit bekannt gegeben hat. Sie werden sehen, dass der „Strickpullover-Gipfel" noch immer in den Köpfen präsent ist. Wer erinnert sich dagegen schon an eine ganz gewöhnliche Pressekonferenz?

Wahrscheinlich – so muss man schließen – verdeutlicht der „Strickpullover-Gipfel" auf besonders eindrucksvolle Weise die Macht der Bilder, einer Macht, die Horst Teltschik in seiner Zeit als Politikberater nie unterschätzt hat.

Ganz im Gegenteil.

THEORIE-BAUSTEIN III
DIE MACHT DER BILDER UND DER WORTE

Eine Botschaft, ganz gleich wie komplex sie ist, sollte auf ein einfaches Bild reduziert werden. Denn Bilder sprechen unsere Gefühle an, unsere Hoffnungen, Träume und Ängste. Bilder transportieren eine Botschaft über den Bauch in den Kopf. Dabei leistet Sprache wertvolle Hilfsdienste. Wissenschaftliche Studien zeigen, dass Worte unsere Sinneswahrnehmung überlagern. „Sprache ist eine Waffe", wusste bereits Kurt Tucholsky.

Schnelle Schüsse ins Gehirn

Bob Hunter und Rex Weyler wussten es. Heinz Suhr auch. Und auch Horst Teltschik war sich dessen voll und ganz bewusst. „Es ist ein Krieg der Bilder", hat Hunter schon in den siebziger Jahren gesagt. „Wer die besten Headlines und Fotos bekommt, gewinnt!" Denn kaum jemand hat Zeit und Lust, lange Traktate zu lesen. Die Menschen sind mit ihrem eigenen Leben beschäftigt, mit ihren eigenen ganz privaten Sorgen und Nöten. Wen kümmert da die große Politik? Wenn es zu kompliziert wird, blättern wir weiter, klicken wir weg oder schalten wir um.

Bilder dagegen, „Bilder sind schnelle Schüsse ins Gehirn", wurde Werner Kroeber-Riel nicht müde zu betonen. Der 1994 im Alter von 60 Jahren verstorbene Leiter des *Instituts für Konsum- und Verhaltensforschung* an der Universität Saarbrücken war so etwas wie der Pionier der Werbewirkungsforschung in Deutschland. Er hatte es sich zur Lebensaufgabe gemacht, den Deutschen beizubringen, wie Werbung wirkt. „Um ein Bild mittlerer Komplexität aufzunehmen, sind nur eine bis zwei Sekunden erforderlich", so Kroeber-Riel.[107] Versuchen Sie einmal in dieser Zeit einen Text zu lesen, geschweige denn ihn zu verstehen. Sie werden keine Chance haben.

---

[107] Werner Kroeber-Riel: „Bilder sind schnelle Schüsse ins Gehirn. Wirkungsgesetze der Bildkommunikation", in: Sigrid Randa-Campani: *Wunderbare Werbewelten. Marken, Macher, Mechanismen*, Heidelberg 2001, S. 117.

„Sight beats sounds", lautete deshalb auch Michael Deavers Credo. Der Stabschef von Ronald Reagan wusste, dass es im Walkampf vor allem auf einprägsame Bilder ankommt. Jede Aussage muss in ein Bild gepackt werden, wenn die Botschaft den langen Weg von der Wahlkampfzentrale durch die Medien zu den Menschen finden soll.

Marshall McLuhan, der große Ideengeber und Inspirator der frühen Greenpeace-Aktivisten um Bob Hunter und Rex Weyler, erläuterte die Bildwirkung an einem besonders anschaulichen Beispiel: „Angenommen, wir schreiben, anstatt das Sternenbanner selbst zu zeigen, die Worte ‚amerikanische Flagge' quer über ein Stück Tuch und lassen das dann wehen; die Symbole hätten zwar die gleiche Bedeutung, aber die Wirkung wäre ganz anders. Das bunte visuelle Mosaik des Sternenbanners ins Schriftliche übertragen hieße, ihm die meisten seiner Eigenschaften als Gruppenleitbild und Erfahrungsinhalt zu nehmen, wobei die abstrakte Bindung an das Wort ziemlich gleich bleiben würde."[108]

Deutlicher hätte man das kaum darstellen können: Ein abstrakter Inhalt benötigt ein bildhaftes Symbol, um beim Betrachter – dem Rezipienten – eine emotionale Wirkung zu entfalten. „Wer Gefühle vermitteln will, ist deswegen in erster Linie auf eindrucksstarke Bilder angewiesen", fasst Werner Kroeber-Riel zusammen. „Die durch emotionale Eindrücke erzeugten Gedächtnisbilder können geradezu als ‚gespeicherte Emotionen' aufgefasst werden."[109] Visualisierung und Emotionalisierung sind, daran lässt der Forscher keinen Zweifel, aufs Engste miteinander verbunden.

Bilder sprechen unsere Gefühle an, unsere Hoffnungen, Träume und Ängste. Sie transportieren eine Botschaft über den Bauch in unseren Kopf. Wie der Medientheoretiker Norbert Bolz ganz richtig ausführt, zielt das moderne Marketing deshalb nicht auf das Bewusstsein, zumindest nicht in erster Linie, „sondern vielmehr auf dessen Immunsystem: die Gefühle. Emotionen entsprechen Verhaltensmustern und werden in gewisser Weise erlernt. Deshalb ist es möglich, Gefühle zu modellieren."[110]

---

[108] Zitiert nach: Martin Baltes und Rainer Höltschl (Hg.): *absolute Marshall McLuhan*, Freiburg 2002, S. 156.

[109] Werner Kroeber-Riel: „Bilder sind schnelle Schüsse ins Gehirn", S. 115.

[110] Norbert Bolz: „Cargo-Kult und Werbe-Opfer. Was Religion, Gesellschaft und Konsum zusammenhält", in: Sigrid Randa-Campani: *Wunderbare Werbewelten. Marken, Macher, Mechanismen*, Heidelberg 2001, S. 184.

Wer Zweifel an dieser Modellierbarkeit unserer Emotionen hat, kann sich einem einfachen Selbstexperiment unterziehen. Dieses Experiment kann in nahezu jeder beliebigen Stadt durchgeführt werden, es dauert etwa zwei Stunden und kostet Sie weniger als zehn Euro: Gehen Sie ins Kino! „Wer wirklich etwas erleben will, sucht dieses Erlebnis nicht mehr in der empirischen, sondern in der virtuellen Realität", pointiert Norbert Bolz. Ob Action-Film oder Schmonzette – achten Sie auf Ihre Gefühlregungen und beobachten Sie ruhig auch einmal Ihre Sitznachbarn. „Die Kinder der Popkultur wissen heute, dass die Gefühle der Liebe und des Hasses in der Kinohöhle echter sind als im eigenen Schlafzimmer."[111] Nicht ohne Grund tragen die Studio-Komplexe von Hollywood seit den Anfangstagen ihrer Tätigkeit den Beinamen „Traumfabrik".

Die Ursache für das Wechselbad der Gefühle, das wir im Kinosessel erleben, befindet sich in unserem Gehirn. Als Spiegelneuronen bezeichnete Hirnzellen lassen unseren Körper beim Betrachten der Szenen annähernd so reagieren, als ob wir das auf der Leinwand Dargestellte tatsächlich erleben würden. Ganz gleich, ob wir mit Bruce Willis durch New York hetzen oder Kate Winslet auf einem Kreuzfahrtschiff anschmachten, unsere Spiegelneuronen reagieren beim Beobachten fast so, als wären wir mittendrin. „Der Unterschied zwischen Fiktion und Wirklichkeit ist nur eine Frage der Quantität. Während beim Fühlen einer echten Spinne Tausende von Haut-Sinneszellen aktiviert werden, feuern beim Zusehen nur wenige Spiegelneuronen", erläutert die Wissenschaftsjournalistin Bettina Gartner.[112]

Um die Spiegelneuronen in den Köpfen unserer Zielgruppe zu aktivieren, benötigen wir Bilder – Motive, die überraschen, die humorvoll sind und vielleicht auch schockieren.

Halten Sie die Waffe scharf

Hat der Volksmund also Recht? Sagt ein Bild tatsächlich mehr als tausend Worte? Nein, denn ein Bild ohne Text ist eben nur ein Bild. Erst im Zusammenspiel mit Sprache, die das Dargestellte transzendiert und in einen neuen Bedeutungszusammenhang hebt, wird aus dem bildhaften Motiv eine Anzeige, ein Plakat, ein Onli-

---

[111] Ebd., S. 185.
[112] Bettina Gartner: „Das mitfühlende Gehirn", in: *Die Zeit*, 22.4.2004, Nr. 18.

ne-Banner oder ein Fernsehspot, kurz: ein Transmitter unserer Botschaft. David Ogilvy hat das klar erkannt, als er sagte: „Die Werbung lebt von Worten."[113] Und auch Marshall McLuhan hob die besondere Bedeutung des Textes hervor: „Die Sprache leistet für die Intelligenz, was das Rad für die Füße und Körper leistet."[114] Sie ist unser wichtigstes Hilfsmittel.

Allen Ginsberg, der Poet der Gegenkultur, hat die Bedeutung der Sprache in Diensten des modernen Kommunikationsprozesses in Worte gefasst. Er hat ihre magische Kraft, die Zauberformeln gleich in der Lage ist, Wirklichkeit zu gestalten, in einem seiner Gedichte beschworen. Nein, um es richtig zu formulieren: Er hat sie leidenschaftlich beklagt.

Der Krieg ist Sprache
missbrauchte Sprache
für Werbezwecke
Eine Sprache gebraucht
wie Magie zur Macht auf diesem Planeten:
Schwarze Magische Sprache,
Formeln zur Wirklichkeit.[115]

Machen wir einen Test. Nehmen wir das Beispiel von Rex Weylers und Bob Hunters Kampagne. Stellen Sie sich folgendes Bild vor: Der Pazifik liegt vor Ihnen. Bis zum Horizont nichts als Wasser, das zwischen Dunkelgrün und Türkis changierend in der Abendsonne funkelt. Plötzlich erhebt sich aus den pazifischen Fluten ein glänzender Walkörper. Das riesenhafte Urwesen baut sich vor Ihnen auf – und taucht wieder unter. Bevor es jedoch ganz verschwunden ist, schlägt es noch einmal mit seiner majestätischen Schwanzflosse. Und genau in diesem Moment drücken Sie den Auslöser. Was Ihre Kamera einfängt, ist eine wunderbare Naturfotografie. Nicht weniger, aber auch noch nicht mehr.

Durch den Zusatz von lediglich drei kurzen Worten gelingt es Hunter und Weyler anschließend, den Bedeutungsinhalt dieses Bildes vollkommen zu verändern: Rettet – die – Wale! (Save the Whales) macht aus dem leicht kitschigen Foto ein ungewöhnlich

---

[113] David Ogilvy: *Geständnisse eines Werbemannes*, München 1991, S. 28.
[114] Zitiert nach: Martin Baltes und Rainer Höltschl (Hg.): *absolute Marshall Mc-Luhan*, Freiburg 2002, S. 155.
[115] Allen Ginsberg: *Planet News – Gedichte*, München 1969, S. 72.

starkes Motiv. Plötzlich handelt es sich nicht mehr nur um ein Zeugnis für die Schönheit der Schöpfung, jetzt wird Millionen von Menschen ein Bedrohungsszenario vor Augen geführt. Das so erschaffene Motiv braucht nicht mit wissenschaftlichen Erkenntnissen über die Bedeutung der Wale für das ökologische Gleichgewicht der Ozeane zu argumentieren, es muss keine Fangzahlen im Verhältnis zur Gesamtpopulation nennen, es weckt einfach Sympathie für die bedrohten Meeressäuger – und fordert den Betrachter auf, sich für den Schutz dieser Tiere einzusetzen.

„Ein Plakat argumentiert nicht, es ist die Botschaft an sich", sagt der deutsche Werber Coordt von Mannstein, der zahlreiche Bundestagswahlkämpfe konzipierte und gestaltete, unter anderem den „Einheitswahlkampf" von Helmut Kohl im Jahr 1990. Denn ein Plakat darf nur unwesentlich mehr Zeit benötigen als ein Bild, um vom Betrachter erfasst zu werden. Warum? Ganz einfach, weil kaum jemand ein Plakat bewusst betrachtet. Es gerät unvermittelt in unser Blickfeld, während wir in der Straßenbahn sitzen, mit dem Auto an einer roten Ampel warten oder während wir durch die Stadt laufen. Entweder das Plakat funktioniert dann innerhalb von wenigen Sekunden oder es funktioniert gar nicht. So einfach ist das, und gleichzeitig so schwierig.

Das stellt hohe Anforderung an den Text. Denn entgegen landläufiger Meinung ist es deutlich schwieriger, Dinge kürzestmöglich und prägnant zu formulieren, als sie in lange, verschachtelte Sätze zu packen. „Stil ist die Fähigkeit, komplizierte Dinge einfach zu sagen – nicht umgekehrt", pflegte Jean Cocteau zu sagen. Doch aus Ihrer eigenen Lektüreerfahrung dürften Sie wissen, dass zahlreiche renommierte Wissenschaftler und Schriftsteller sich oft nicht an Cocteaus einfache Wahrheit halten. Werbetexter dagegen haben keine Wahl. Kurz, überraschend, schnell und klar – wer anders textet, geht in der Medienflut unter.

„Sprache ist eine Waffe. Haltet sie scharf", schrieb Kurt Tucholsky bereits in den zwanziger Jahren des vergangenen Jahrhunderts den Textproduzenten ins Stammbuch – und ergänzte: „Wer schludert, der sei verlacht, für und für." Doch auch wenn viele Texterinnen und Texter sich Tucholskys Worte zu Herzen nehmen, hören die Probleme damit nicht auf. Die Schwierigkeiten, mit denen sich Werbetexter in ihrem Alltag oft herumschlagen müssen, liegen darin, dass nahezu jede und jeder glaubt, mitreden, pardon: mittexten zu können. Der Kunde, Geschäftsführer eines mittelständischen Betriebs, von Hause aus zwar Ingenieur, aber sei's drum. Die Kundenberaterin, studierte Betriebswirtin, die sich zwar nicht viel aus Sprache macht, aber sei's drum. Der Art Director, gelernter Grafiker, der in seiner Freizeit nie ein Buch in die Hand nimmt, aber sei's drum. Die Frau des Agentur-Geschäftsführers, die sich zwar noch nie ernsthaft mit Werbung beschäftigt hat, aber sei's drum.

„Copywriters have the hardest job of all because everyone, from the art director to the client, 'knows' that they can write as good copy as the copywriter, but of course they have more important things to do with their time", sagte einmal der Werbetexter Nigel Foster mit typisch britischem Humor.[116] Dabei wäre der Job des Texters auch ohne diese ungebetenen „Mittexter" hart genug: „Ein Satz kann nie zur Ruhe kommen", brachte Edelfeder Karl Kraus einst zu Papier. „Nun sitzt dieses Wort, denke ich, und wird sich nicht mehr rühren. Da hebt das nächste seinen Kopf und lacht mich an. Ein drittes stößt ein viertes. Die ganze Bank schabt mir Rübchen. Ich laufe hinaus; wenn ich wiederkomme, ist alles wieder ruhig; und wenn ich unter sie trete, geht der Lärm los."[117]

So ist das eben: Sie können Ihr Notebook jederzeit zuklappen, Ihrem unfertigen Text entwischen können Sie nicht.

Wenn Wörter stinken

Liegt Tucholsky also richtig, wenn er Sprache als wirkungsvolles und schlagkräftiges Instrument klassifiziert? Viele gegenkulturell inspirierte Bewegungen sehen das zumindest so – und zeichnen sich durch eine ausgeprägte Sprachsensibilität aus. Der Feminismus beispielsweise seziert seit vielen Jahren die männliche Dominanz in der Sprache und entwickelt Methoden alternativen Sprachverhaltens. Öko-Gruppen ziehen gegen allzu beschönigende Formulierungen zu Felde, mit denen umweltzerstörende Begleiterscheinungen des industriellen Wirtschaftswachstums verharmlost werden. Die Friedensbewegung prangert die unmenschliche Terminologie von Militärstrategen an, in der von „Menschenmaterial"

---

[116] Zitiert nach: Werner Gaede: *Abweichen von der Norm. Enzyklopädie kreativer Werbung*, München 2002, S. 186.
[117] Karl Kraus: „Pro domo et mundo", in: Hans Wollschläger (Hg.): *Karl-Kraus-Lesebuch*, Frankfurt/M. 1987, S. 162.

oder „Kollateralschäden" die Rede ist. Und Bürgerrechtsbewegungen gehen gezielt gegen versteckte Rassismen in der Alltagssprache vor.

Im Arsenal gegenkultureller Bewegungen hat sprachstrategisches Vorgehen seinen festen Platz. Dagegen konstatiert die *Wirtschaftswoche* eine „lähmende Angst" unter Managern, wenn es um das Thema Sprache geht. Alleine durch „falsche Wortwahl" würden Unternehmen alljährlich Milliarden Euro in den Sand setzen.[118] Obwohl inzwischen zahlreiche Unternehmen viel Geld und Energie in verbindliche *Wording*-Strategien investieren, auf die ihre Mitarbeiter während langer Fortbildungsseminare eingeschworen werden, würden vielerorts bürokratisch-dröge Formulierungen dominieren.

„Die Firmen verschenken Umsätze, nicht weil sie sich nicht korrekt artikulieren, sondern weil sie dies eben nur korrekt tun", zitiert das Wirtschaftsmagazin den Sprachpsychologen Leo Sucharewicz. „Dabei hat verkaufen, überzeugen und informieren weniger mit Präzision zu tun und noch weniger mit Abstraktion, sondern viel mehr mit Kreativität."[119]

Bildhaft, emotional und schnell müsse die Sprache sein, wenn sie ihre Suggestivkraft entfalten solle. Aber in den Vorstandsetagen scheinen nach wie vor zu viele Skeptiker zu sitzen, die den Einfluss von textlicher Information auf menschliches Verhalten für überbewertet halten. Schließlich handelt es sich bei Menschen doch um vernunftbegabte Wesen, so eine weitverbreitete Meinung, die kühl-rational entscheiden und sich nicht von schönen Worten einlullen lassen – oder etwa doch?

An der renommierten Universität von Oxford hat sich ein Team um den Neurologen Ivan de Araujo experimentell mit der Suggestivkraft von Sprache beschäftigt. Konkret untersuchten die Wissenschaftler den Einfluss von Wörtern auf die Geruchswahrnehmung.[120] „Spannend schien den Forschern dieser Vergleich insbesondere deshalb, weil Duftinformationen auf sehr basalen Verarbeitungsebenen in stammesgeschichtlich alten Gehirnregionen umgesetzt werden – der Einfluss, den Wörter auf uns haben, aber

---

[118] Julia Leendertse: „Lähmende Angst", in: *Wirtschaftswoche*, 16.3.2000, S. 126.
[119] Ebd., S. 127.
[120] Ivan E. de Araujo u.a.: „Cognitive Modulation of Olfactory Processing", in: *Neuron*, Nr. 46, 19. Mai 2005, S. 671-679.

aus deutlich höheren gehirneigenen Verwaltungsebenen einge-
speist wird."[121]

Soll heißen: Duft nehmen wir quasi unmittelbar wahr, ohne län-
gere Umwege über die bewusste Verstandestätigkeit, und wandeln
ihn direkt in Emotionen um. Das ist eine sehr alte, stammesgeschichtlich erworbene Leistung, die schon unsere Steinzeit-
Vorfahren bestens beherrschten. Die Verarbeitung von semanti-
schen Informationen, also von Wörtern, erfordert im Gegensatz
dazu kognitiv-assoziative Operationen, die unser Gehirn jeweils
erst durch komplizierte Lernprozesse subjektiv erworben hat.

Konkret sah der Oxford-Versuch vor, dass verschiedene Testpersonen mit unterschiedlichen Duftstoffen konfrontiert wurden
und anschließend angeben sollten, ob sie den Geruch als eher positiv oder als eher negativ wahrnahmen. Mit Hilfe funktioneller
Magnetresonanztomografie konnten die Wissenschaftler parallel
dazu die jeweiligen Gehirnaktivitäten der Versuchspersonen ver-
folgen.

Das Ergebnis erstaunte sogar die Experten.

Was war passiert?

Die Wissenschaftler ließen einen käseartigen Duft in die Ver-
suchskabine strömen. Wenn währenddessen auf dem bereitgestell-
ten Monitor das Wort „Cheddar-Käse" erschien, stuften die Pro-
banden den Geruch als neutral bis angenehm ein. Wurde statt dessen der Begriff „Körpergeruch" eingeblendet, empfanden die Testpersonen denselben Geruch als sehr unangenehm. Doch das war
noch nicht alles: Auch bei einem Kontrollversuch, bei dem lediglich geruchsneutrale Luft in die Kabine geleitet wurde, wirkte die
verbale Etikettierung. Selbst als keinerlei käseartiger Duft vorhanden war, reagierten die Versuchspersonen nach dem oben beschriebenen Muster: Bei der Monitoranzeige „Cheddar-Käse" be-
werteten sie den „Geruch" als angenehm, bei dem Begriff „Körpergeruch" als sehr unangenehm.

Das Ergebnis war so eindeutig wie überraschend: Worte überlagern offenkundig unsere Geruchswahrnehmung. Je nachdem, wie
ein Duft beschrieben wird, nehmen wir ihn positiv oder negativ
war. Die textliche Beschreibung veränderte übrigens nicht nur die

---

[121] Jan Osterkamp: „Alles Käse, oder was? Geruchsinterpretation formt sich erst
hinter einem gehirneigenen Semantikfilter", in: *spektrumdirekt. Die Wissenschaftszeitung im Internet,* 20. Mai 2005, www.wissenschaft-online.de/artikel
/779872.

subjektive Bewertung, sondern auch die Gehirnaktivitäten zeigten starke Differenzen. Je nach Wortwahl wurden verschiedene Hirnareale angesprochen. Vereinfacht ausgedrückt kann man also zusammenfassen, dass Worte quasi unbewusst auf die Formung unserer Wirklichkeitswahrnehmung einwirken.

„Gute Nachrichten für Marketingexperten", pointiert Jan Osterkamp in der Online-Wissenschaftszeitung *spektrumdirekt*. „Ohne ganz bewusstes Ausblenden von Zusatzinformationen können wir uns demnach auf unsere Nase wohl nicht verlassen."[122] Oder, wie *Der Spiegel* schreibt: „Soll ein Käse richtig stinken, muss er auch Stinkkäse heißen."[123] Insofern sollte man nie den Fehler machen, die Macht der Worte im Kommunikationsprozess zu unterschätzen.

Reduce to the max

„Die Einfachheit ist die Würze des Wesentlichen", sagt Vilim Vasata, Gestalter, Agenturgründer, Professor, Mitgründer und in den siebziger Jahren Präsident des *Art Directors Club* für Deutschland, später Direktor des Aufsichtsrats des Agenturkonzerns *BBDO Worldwide* in New York, außerdem Vorsitzender von *BBDO Europe* in Paris sowie der deutschen *BBDO*-Gruppe. Ein Mann, der über Jahrzehnte hinweg Werbung betrieben, nein: Werbung gelebt hat, wie kaum jemand sonst. Auf sein Urteil kann man sich getrost verlassen. „Der Mensch ist, wenn nicht faul, so bestenfalls lässig in seiner Wahrnehmung", so Vasata. „Komplizierte Wahrnehmung ist hartes Brot. Aber handfertige Häppchen werden immer mit Entzücken genommen. Reduce to the max. Das ist smart."[124]

Eine Werbebotschaft, ganz gleich wie komplex sie ist, muss auf einen einfachen Begriff gebracht werden. Die Menschen, die unsere Zielgruppe bilden, sind zwar nicht dumm, aber sie interessieren sich nicht im gleichen Maße für unsere Anliegen, wie wir es tun. „US-Wahlkampfberater Rob Engle predigt seit Jahren: ‚Unterschätze nie die Intelligenz der Wähler, aber überschätze nie ihr Interesse am politischen Prozess. Sie hören nie richtig zu'", führt

---

[122] Ebd.

[123] O.V.: „Wörter lassen Käse riechen", in: *Spiegel-Online*, 19. Mai 2005, www.spiegel-online.de/wissenschaft/mensch/0,1518,356538,00.html.

[124] Zitiert nach: Sigrid Randa-Campani: *Wunderbare Werbewelten. Marken, Macher, Mechanismen*, Heidelberg 2001, S. 8.

Marco Althaus aus und verweist auf ein Schlagwort, das der kalifornische Politikwissenschaftler Samuel Popkin geprägt hat: *low-information rationality*.[125]

Dahinter steht die Erkenntnis, dass zahlreiche Wähler sich zwar nur oberflächlich mit Politik beschäftigen, dass sie aber dennoch ihre Wahlentscheidung nach möglichst rationalen Kriterien zu fällen versuchen. Sie nutzen das, was sie ohne allzu viel Mühe und Aufwand erreichen können: zeitsparende Kurz-Infos, Plakate, Image-Flyer, Diagramme. Mit Hilfe von prägnanten Politikerzitaten, kurzen Statements im Radio, kleinen Einspielern im Fernsehen versuchen sie die verschiedenen Politiker und ihre vermeintlichen Programme einzuordnen. Statt lange Interviews in Nachrichtenmagazinen oder großen Tageszeitungen lesen sie die Überschriften und ausgewählte herausgehobene Zitate.

Kurz, sie fällen eine durchaus rationale Entscheidung auf der Basis relativ geringer Information – exakt das meint der Begriff *low-information rationality*. Und dieses Verhaltensmuster beschränkt sich keineswegs auf den politischen Bereich. Auch ein Großteil der alltäglichen Kaufentscheidungen wird auf der Basis dieser *low-information rationality* gefällt. Denn natürlich informieren sich die meisten Menschen, bevor sie eine neue Digitalkamera oder etwas ähnliches kaufen, aber die wenigsten machen sich die Mühe, ausführliche Testberichte in Fachzeitschriften von A bis Z durchzulesen oder gar eine Zweit- und Drittmeinung einzuholen. Man sieht eine Anzeige, überfliegt ein paar Testportale im Internet, das muss in der Regel reichen.

Eine Kampagne muss sich dieses Verhaltensmuster zunutze machen, wenn sie erfolgreich sein will. Sie muss Interesse wecken, kurze Info-Happen anbieten, zentrale Aussagen verdichten und ganze Argumentationsschritte auf einen klar verständlichen Satz eindampfen.

---

[125] Marco Althaus: „Strategien für Kampagnen", in: Ders. (Hg.): *Kampagne! Neue Strategien für Wahlkampf, PR und Lobbying*, Münster 2002, S. 21.

Mut zur Redundanz

Die Reduktion auf das Wesentliche ist jedoch nur ein zentrales Element der Kampagnenkonzeption. Das andere kann als Mut zur Redundanz umschrieben werden. „Das blinde und rapid sich ausbreitende Wiederholen designierter Worte verbindet die Reklame mit der totalitären Parole", schreiben Max Horkheimer und Theodor W. Adorno in ihrer berühmten *Dialektik der Aufklärung*.[126] Was als empörte Anklage verfasst wurde, ist als sachliche Analyse richtig: Die permanente Wiederholung ist ein zentrales Prinzip moderner Kommunikationspraxis. Oder, wie es Paul Arden, der langjährige Executive Creative Director von *Saatchi & Saatchi*, formulierte: „Wiederhole den Claim. Wiederhole den Claim. Wiederhole den Claim. (...) Jedes Werbemittel, das du zeigst, ist eine Gelegenheit, deine Idee in den Geist des Kunden einzubrennen."[127]

Tatsächlich ist es durch zahlreiche empirische Studien belegt, dass ein Empfänger mehrmals mit einer Botschaft in Kontakt kommen muss, bevor er sie „speichert" und sie somit handlungsleitende Kraft entfalten kann. Diese Erkenntnis ist insbesondere für den Bereich der Budgetallokation relevant, also den möglichst effizienten Einsatz der zur Verfügung stehenden finanziellen Mittel. Denn eine Kampagne kann niemals einen solchen Werbedruck aufbauen, dass alle Menschen gleichermaßen von ihr erreicht werden. Insofern muss eine Gewichtung vorgenommen werden: Wen wollen wir erreichen und wie oft? Dabei ist es wesentlich effektiver, die Mittel so zu verteilen, dass unsere Botschaft den gleichen Personen gegenüber mehrmals wiederholt wird, statt die Kampagne möglichst breit zu streuen und dafür nur ein bis zweimal zu platzieren. Ganz in diesem Sinne soll auch an dieser Stelle wiederholt werden: Haben Sie keine Angst vor Redundanz!

Aber Vorsicht! Wer das redundante Verhalten übertreibt, läuft Gefahr, in die Falle des so genannten *Wear-out-Effekts* zu treten. Es ist im Grunde wie bei einer Schraube, die fest angezogen werden muss, damit sie hält. Treibt man sie jedoch eine Drehung zu weit, dreht das Gewinde durch und die Schraube verliert ihren Halt. So ähnlich verhält es sich mit dem Werbedruck. In kombi-

---

[126] Max Horkheimer, Theodor W. Adorno: *Dialektik der Aufklärung*, Frankfurt/M. 1998, S. 175.

[127] Paul Arden: *Es kommt nicht darauf an, wer du bist, sondern wer du sein willst*, Berlin 2006, S. 108 und 109.

nierten Labor- und Felduntersuchungen wurde festgestellt, „dass die Leistung beim Lernen der Werbebotschaft bei den ersten drei, vier Wiederholungen zunimmt, bei weiteren Wiederholungen aber wieder abnimmt".[128] Der Rezipient ermüdet, oder einfacher ausgedrückt: Er fühlt sich gelangweilt.

Werner Kroeber-Riel und Peter Weinberg führen aus, dass ein potenzieller Konsument nach etwa zwei bis drei Werbekontakten anfängt, sich aufgrund der Werbeaussagen eigene Gedanken über das Produkt zu machen, was positiv ist. Allerdings beginnt er nach drei bis vier Kontakten auch, ob bewusst oder unbewusst, Gegenargumente zu entwickeln.[129] Deshalb ist es wichtig, die sprachliche und bildliche Fassung der dargebotenen Informationen zu variieren, um neue Aspekte ins Spiel zu bringen und damit den *Wearout-Effekt* hinauszuzögern.

Der neue Spot beziehungsweise die neue Anzeige muss als Fortführung der ersten Variante klar erkennbar sein, um beim Betrachter ein Moment des Wiedererkennens auszulösen. Gleichzeitig muss dieses Wiedererkennen durch die Überraschung des modifizierten Auftritts gebrochen werden, um auf diese Weise das Interesse des Rezipienten neu zu wecken.

Ein besonders wirksames Instrument, um die vorzeitige Aufmerksamkeitsermüdung zu vermeiden, kannte bereits Marshall McLuhan: „Humor als Kommunikationssystem und Erkundungsinstrument unserer Umwelt – dessen, was wirklich geschieht – eignet sich vorzüglich zur Erzeugung von Gegenumwelten."[130] Denn Humor öffnet auf eine nette Art und Weise die Tür zu unseren Rezipienten. „Richtig eingesetzt ist der Witz eines der effektivsten Instrumente menschlicher Kommunikation", sagt der an der Universität für angewandte Kunst in Wien lehrende Kreativitätstrainer Mario Pricken. „Guter Humor ist ein Kompliment an die Intelligenz des Gegenübers. Er hebt die Laune und garantiert, dass man in positiver Erinnerung bleibt."[131]

Probieren Sie es aus!

---

[128] Werner Kroeber-Riel, Peter Weinberg: *Konsumentenverhalten*, München 2003, S. 29.

[129] Ebd.

[130] Zitiert nach: Martin Baltes und Rainer Höltschl (Hg.): *absolute Marshall McLuhan*, Freiburg 2002, S. 194.

[131] Mario Pricken: *Kribbeln im Kopf. Kreativitätstechniken und Brain-Tools für Werbung und Design*, Mainz 2002, S. 182.

Werbung ohne Wirkung?

Die Zahl variiert sehr stark: Vorsichtige Schätzungen gehen von etwa tausend Werbeimpulsen aus, die uns im Durchschnitt täglich erreichen. Andere sprechen von 2.500 bis 4.000 und die Alarmisten sogar von 7.500 Werbebotschaften, die Tag für Tag auf uns einprasseln. Ganz gleich, wie hoch man die Zahl ansetzt – unzweifelhaft ist, dass wir auf Schritt und Tritt mit Werbung konfrontiert werden. In Zeitschriften, im Fernsehen, in öffentlichen Verkehrsmitteln, im Internet, im Radio, am Telefon, in der Mittagspause, bei der Arbeit, nach der Arbeit, in der Stadt, in der Kneipe und auch zu Hause.

Kein Wunder also, dass die Menschen in der modernen Gesellschaft zu wahren Meistern darin geworden sind, unangeforderte Informationen auszublenden. Im Internet klicken wir *Pop-up-Banner* weg, bevor sich diese richtig entfalten konnten, in der Stadt übersehen wir gekonnt störende Plakatsäulen und beim Fernsehen zappen wir während des Werbeprogramms von einem Kanal zum anderen.

Verpufft Werbung also ohne Wirkung?

Eben noch haben wir „schnelle Schüsse ins Gehirn" beschworen – starke Bilder, prägnante Texte, kreative Kampagnen – und jetzt soll all das vergebene Liebesmühe sein? Quälen sich also Werbetexter und Art Directoren in den Agenturen dieser Welt ohne jede Aussicht auf Erfolg, wenn sie um die jeweils beste Idee, Formulierung und Gestaltung ringen?

Im Gegenteil, gerade das immense Werbeaufkommen, dem die Durchschnittsbürger ausgesetzt sind, erfordert eine kreative Leistung, um die jeweilige Botschaft aus dem Massenchor der Werbenden herauszuheben. Erfolgreiche Kampagnen müssen kreativ gestaltet sein – und zwar sowohl im Auftritt wie in der Wahl der Medienkanäle und Instrumente. Sie müssen konventionelle Formen und bekannte Sehgewohnheiten sprengen – und über ein klares Ziel sowie eine klare strategische Ausrichtung verfügen. „Ist nämlich das Ziel klar bestimmt, kann ein grandioser Einfall bei gleichem Budget, das Drei-, Vier- oder Fünffache einer konventionellen Kampagne bewirken."[132] Wer das sagt, ist kein in Kreativität verliebter Werbeexperte, sondern ein auf ökonomische Effizienz

---

[132] Zitiert nach: Sebastian Turner: „Auf die Nerven gehen", in: *Wirtschaftswoche*, 16.3.2000, S. 151.

achtender Top-Manager: Helmut Maucher, ehemals Vorstandsvorsitzender von *Nestlé,* einem der größten Lebensmittelkonzerne der Welt.

In die gleiche Kerbe schlägt auch Jutta Maas: „Ursache von Austauschbarkeit ist in erster Linie mangelnde Kreativität und unzureichende Marketing-Strategie, d.h. Festhalten an informativer Werbung trotz der Austauschbarkeit objektiver Produktmerkmale."[133] Bei einem Überangebot zahlreicher objektiv kaum unterscheidbarer Produkte kommt es weniger darauf an, die – im Wesentlichen austauschbaren – Vorteile des Produkts zu kommunizieren, als vielmehr eine eigene Gefühlswelt um das Produkt herum aufzubauen. Es geht darum, eine Marke zu schaffen, die das profane Produkt mit einem geradezu spirituellen Mehrwert ausstattet.

Weshalb sollten Menschen sonst bereit sein, mehrere hundert Euro für eine Jeans auszugeben, die in gleicher Qualität von einem anderen Label zu einem Bruchteil des Preises angeboten wird? Es ist die Marke, die uns dazu veranlasst, und nur zu einem ganz geringen Teil die Qualität der Hose.

Die „mythische" Botschaft

„Werbung ist für mich etwas Großes, etwas Herrliches, etwas, das tief in eine Institution eindringt und ihre Seele ergreift", sagte Bruce Barton, einer der Gründer der Werbeagentur *BBDO,* die inzwischen mit etwa 290 Agenturen in mehr als 70 Ländern zu den größten Agenturnetzwerken der Welt gehört – es ist das zweite B im legendären Firmennamen, das für Bartons Name steht.[134]

Ganz in Bruce Bartons Sinne erkannte auch Naomi Klein: „Markengestalter sind die neuen Primärproduzenten in der so genannten Informationswirtschaft." Und zur argumentativen Verstärkung zitierte sie Walter Landor, den Chef der *Markenagentur Landor:* „Produkte werden in der Fabrik hergestellt, aber Marken werden im Kopf gemacht."[135] Denn erst Werbung, die einem Gegenstand den verführerischen Odem der Marke einhaucht, macht aus

---

[133] Jutta Maas: *Visuelle Schemata in der Werbung,* Aachen 1999, S. 73.
[134] Quelle: „Das Netzwerk der Netzwerke. Beteiligungsstrukturen der internationalen Agenturholdings", in: *Bestseller Sonderdruck,* Februar 2005.
[135] Naomi Klein: *No Logo!,* München 2001, S. 206 und 205.

einem beliebigen Ding ein begehrtes Produkt, für das Kunden bereit sind, ein Vielfaches der Herstellungskosten zu bezahlen.

Werbung hat somit die primäre Aufgabe, den Unternehmen beim Finden einer eigenen Markenidentität zu helfen und diese Identität anschließend zu hegen und pflegen. Denn erst eine Marke mit Charakter, die für etwas steht, nach dem sich die Menschen sehnen, hebt sich aus der Masse der Konsumartikel heraus. *Marlboro* bietet beispielsweise den Geschmack der Freiheit, *Nike* das Gefühl, einfach Leistung erbringen zu können, und *Apple* das besondere Quäntchen kreativer Unangepasstheit. Die Liste ließe sich nahezu beliebig erweitern. Jede große Marke hat ihren eigenen, ganz spezifischen Markenkern, der ihr innerstes Wesen ausmacht, ihren spirituell-mythischen Bestandteil.

„Ohne Übertreibung lässt sich sagen, dass der Mythos der geheime Zufluss ist, durch den die unerschöpflichen Energien des Kosmos in die Erscheinungen der menschlichen Kultur einströmten", schrieb der Kulturwissenschaftler Joseph Campbell Anfang der 1950er Jahre. Dessen Hauptwerk *Der Heros in tausend Gestalten* hat nicht nur Medienwissenschaftler wie Marshall McLuhan nachweislich beeinflusst, sondern auch zahlreiche Werbepraktiker bis hin zu Filmproduzenten wie Steven Spielberg oder George Lucas. „Die mythischen Symbole ... sind spontane Hervorbringungen der Psyche, und jedes trägt in sich, als unbeschädigten Keim, die Kraft seines Ursprungs."[136]

Es geht also bei Werbung – ähnlich wie bei Filmen, Musik und anderen popkulturellen Produktionen – um die geschickte Nutzung dieser mythischen Symbole, die laut Campbell als Manifestationen der menschlichen Psyche begriffen werden müssen. Werbung und Marketing, wie überhaupt weite Teile der Popkultur, sind eben nicht nur wirtschaftliche Ereignisse sondern auch spirituelle. Sie geben uns etwas, nach dem wir uns insgeheim sehnen.

Die Gegenkultur als Sammelbecken verschiedener sozialer und kultureller Bewegungen verfügte über feine Sensoren bei der Aufdeckung irrationaler Sehnsüchte und ihrer mythisch-spirituellen Dimensionen. Mehr noch, laut Theodore Roszak stellt die Gegenkultur „eine bemerkenswerte Abkehr von der althergebrachten Tradition skeptisch-säkularer Intellektualität dar, die im Westen als die Haupttriebkraft für dreihundert Jahre wissenschaftlicher und

---

[136] Joseph Campbell: *Der Heros in tausend Gestalten*, Frankfurt/M. 1999, S. 13.

Stammt die Anzeige vom letzten Weihnachtsfest oder von vor dreißig Jahren? Marlboro transportiert seit vielen Jahrzehnten die exakt gleiche „mythische" Botschaft – und nutzt dabei unsere Sehnsucht nach Freiheit und Abenteuer.

technischer Anstrengung gedient hat".[137] Mythen und Spiritualität, in der technisch dominierten Mainstream-Kultur oft belächelt, erhielten in gegenkulturellen Kreisen eine ganz neue Form der Wertschätzung.

Auch Rex Weyler erinnert sich: „Mitte der 1970er Jahre hatte ich nahezu alles gelesen, was Marshall McLuhan publiziert hat. Seine Idee, dass unser aller Denken und Leben mythisch beeinflusst ist, hatte eine große Wirkung auf uns und unser strategisches Vorgehen. Wir waren überzeugt davon, dass wir zuerst eine zentrale mythische Idee finden mussten." Diese Arbeit am Mythos, das Suchen dieser großen, einigenden Idee, stand am Anfang der Greenpeace-Kampagne.

„Natürlich setzten wir bei unserer Anti-Walfang-Kampagne auch auf harte wissenschaftliche Erkenntnisse, aber wir wussten, dass reine Fakten niemals die öffentliche Meinung verändern würden. Und so hatte ich, noch bevor die Anti-Walfang-Kampagne startete, ein Foto vor meinem geistigen Auge, ein Foto, das ich unbedingt schießen wollte. Denn in den Köpfen der meisten Leute dominierten damals noch romantische Vorstellungen aus dem 19. Jahrhundert das Bild des Walfangs: Kleine Menschen in winzigen

---

[137] Theodore Roszak: *Gegenkultur*, Düsseldorf, Wien 1971, S. 207.

Booten, die es wagten, sich den riesigen Giganten der Meere ent-
gegenzustellen. Dabei sah die Wirklichkeit genau entgegengesetzt
aus: Riesige schwimmende Tötungsfabriken suchten mittels Sonar-
technik die Meere nach den letzten Walen ab, um sie anschließend
mit hochgerüsteten Harpunenkanonen zu erlegen. Es war in der Tat
ein ungleicher Kampf, allerdings mit umgekehrten Vorzeichen."
    Mythen sind Geschichten – und Geschichten kann man nicht
durch Argumente widerlegen. Deshalb suchten Hunter und Weyler
nicht nach neuen wissenschaftlichen Erkenntnissen, sondern nach
eindrucksvollen Bildern, um ihre eigene Geschichte erzählen zu
können. Sie hatten begriffen, was Werber als die „mythische" Botschaft bezeichnen, die es zu kommunizieren gilt. „Die Grundlagen
des Geschichtenerzählens haben sich in den vergangenen zweitau-
send Jahren nicht wesentlich verändert", so Weyler. Insofern gelte
es heute, genauso wie vor dreißig Jahren, „jene mythischen Bilder
zu finden, die menschliche Emotionen auf besondere Weise berühren". Exakt das ist die Aufgabe, die Werbung leisten muss.

Die kreative Lösung

Damit diese „mythische" Botschaft breit wahrgenommen wird,
muss sie auf überraschende und aufmerksamkeitsstarke Weise
kommuniziert werden. Oder anders formuliert: Sie muss eine *kreative* Verpackung erhalten. Nahezu alle Effizienz-Studien kommen
zum gleichen Ergebnis: Kreativität steigert bei klarer Zielausrich-
tung den Werbeffekt um ein Vielfaches. Doch was versteht man
unter Kreativität? „Kreativität ist die Fähigkeit, neue Zusammenhänge aufzuzeigen, bestehende Normen sinnvoll zu verändern und
damit zur allgemeinen Problemlösung in der gesellschaftlichen
Realität beizutragen", lautet eine gängige Definition.[138] So weit, so
gut, allerdings klingt das etwas dürr und abstrakt. Deshalb noch
einmal der Reihe nach.
    Kreativität bestehe also erstens darin, neue Zusammenhänge
aufzuzeigen. In der Tat kommt auch Mihaly Csikszentmihalyi zu
diesem Ergebnis. Der amerikanische Psychologe sucht mittels em-
pirischer Untersuchungen nach kognitiven Strukturen, die kreative
Persönlichkeiten auszeichnen: „Als typisch erwies sich ihre Fähig-

---

[138] Gunther Wollschläger: *Kreativität und Gesellschaft*, Frankfurt/M. 1972.

keit, scheinbar weit auseinander liegende Ideen und Eindrücke miteinander zu verknüpfen."[139] Mit anderen Worten: Kreativ denkende Menschen verlassen die gewohnten Denkpfade und beschränken sich nicht auf das jeweilige Wissensfeld, aus dem das gestellte Problem stammt. Im Gegenteil: Sie „wildern" in den unterschiedlichsten Gebieten, die vordergründig nichts oder kaum etwas mit dem ursprünglichen Problemfeld zu tun haben. Sie arbeiten im besten Sinne des Wortes interdisziplinär und scheren sich nicht um Grenzen und Gebietsansprüche. Dabei gehen sie in erster Linie kombinatorisch vor: "Die Arbeitstechnik besteht ... aus dem Trick, alte, bestehende Elemente aus ihrem gewohnten Zusammenhang herauszulösen und sie neu zusammenzufügen – also neue Gedankenkombinationen zu finden", so Adolf Wirzer.[140]

Zweitens gehe es bei kreativem Denken darum, bestehende Normen zu verändern. Werner Gaede, Texter und Konzeptioner bei mehreren großen Hamburger Agenturen und anschließend mehr als drei Jahrzehnte lang Professor für verbale Kommunikation an der Hochschule der Künste in Berlin, hat daraus ein eigenständiges Lehrprogramm entwickelt: das *Prinzip ABWeichung*. „Kreative Werbung kann nur geschaffen werden, wenn Regeln verletzt werden, wenn man von Normen abweicht", so Gaede.[141] In einer voluminösen Enzyklopädie kreativer Werbung, die den programmatischen Titel *Abweichen von der Norm* trägt, hat er sein Programm niedergelegt. Gemäß dem Lehrsatz *To break the rules you have to know them* führt Gaede darin unzählige Beispiele kreativer Werbung vor und zeigt, welche Mechanismen der Regelverletzung jeweils hinter den erfolgreichen Motiven stecken.

Doch der bewusste Normbruch war schon viele Jahre vorher als zentrales Element kreativer Werbung erkannt worden. Also nichts als kalter Kaffee? Mit leiser Ironie und einem Zitat von Blaise Pascal pariert Gaede diesen Vorwurf: „Niemand darf sagen, ich hätte nichts Neues berichtet. Die Anordnung des Materials ist neu." Und dem ist nicht zu widersprechen. Werner Gaedes Buch ist eine große Strukturierungsleistung eines in der Praxis unbestrittenen Prinzips, das auch bereits der vornehme Umberto Eco in den

---

[139] Klaus Franke: „Balance auf schmalem Grat", in: *Der Spiegel*, 18.12.2000, S. 224. Vgl. auch: Mihaly Csikszentmihalyi: *Kreativität*, Stuttgart 2000.
[140] Adolf Wirzer: *Lerne schöpferisch denken*, Stuttgart 1970, S. 33.
[141] Werner Gaede: *Abweichen von der Norm. Enzyklopädie kreativer Werbung*, München 2002, S. 20.

1970er Jahren erkannt hat: „Die Technik der Reklame scheint bei ihren besten Vertretern auf der informationstheoretischen Annahme zu basieren, dass eine Anzeige um so mehr Aufmerksamkeit des Betrachters erregt, je mehr er die erworbenen Kommunikationsnormen verletzt (und folglich ein System von rhetorischen Erwartungen umwirft)."[142]

Oder, wie es Paul Arden von *Saatchi & Saatchi* etwas direkter formuliert: „Wenn du ein Problem nicht lösen kannst, liegt es daran, dass du dich an die Regeln hältst."[143] An einer anderen Stelle gibt Arden ein anschauliches Beispiel dafür, was er damit meint: „Fragen Sie sich: Was würden Sie bestimmt nicht machen, wenn Sie elegante Juwelen bewerben müssten? Sie würden sicherlich nicht automatisch an Mülleimer, Autoreifen und Schraubenschlüssel denken. Stecken Sie Ringe in das Profil von Autoreifen und hängen Sie Kolliers um Abflussrohre, dann ist Ihnen Aufmerksamkeit und Presse garantiert."[144] Bildhübsche Models, deren makellose Körper als Präsentationsfläche neuer Schmuckkollektionen dienen, kennt der Durchschnittskonsument in der Tat längst zur Genüge.

Die subversive Verfremdung

Dieses Prinzip der Normverletzung entstammt ursprünglich dem Arsenal gegenkultureller Kommunikationspraktiken. Mehr noch, es ist eines ihrer zentralen Instrumente. Geht es doch bei gegenkulturell motivierten Aktionen – wie später bei der kommerziellen Werbung – in erster Linie darum, den Rezipienten aus seiner gewohnten gedanklichen Umwelt herauszureißen. Und das gelingt eben durch kaum etwas besser, als durch die Brechung einer auf Wiederholung begründeten Erwartung. Denn es gibt wenig, was uns im gleichen Maße überrascht, wie die subversive Kraft der Verfremdung. Die Situationistische Internationale hatte für eine solchermaßen durchgeführte Aktivierung des Rezipienten sogar einen eigenen Begriff entwickelt: *Détournement*, was auf Deutsch

---

[142] Umberto Eco: *Einführung in die Semiotik*, München 1972, S. 267.

[143] Paul Arden: *Es kommt nicht darauf an, wer du bist, sondern wer du sein willst*, Berlin 2006, S. 49.

[144] O.V.: „Interview mit Paul Arden", in: *Lürzer's Archiv*, Nr. 2, Frankfurt/M. 1993, S. 6.

etwa mit Umleitung, Hinterziehung oder auch Entführung übersetzt werden kann. Dabei können die Normen, die durch ein Détournement verletzt werden, vielfältiger Natur sein: moralische, religiöse, ästhetische, juristische und andere gesellschaftliche Normwerte, statistische Mittelwerte, Erfahrungswerte, Naturgesetze, verbale und semiotische Muster, also allgemein bekannte und gewohnte Zeichen.

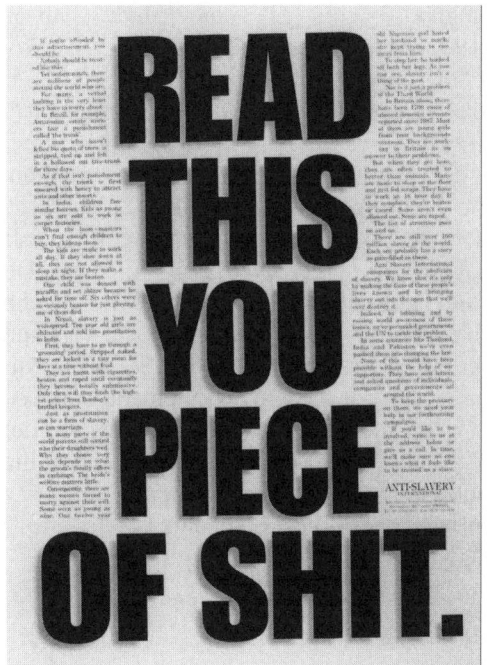

Drastische Worte für ein drastisches Thema: Anzeige für Anti-Slavery International.

„Détournement bedeutete eine Politik des subversiven Zitats, die Stimmbänder jedes autorisierten Sprechers zu durchtrennen; es bedeutete vor den Spiegel gezerrte gesellschaftliche Symbole, widerrechtlich angeeignete Wörter und Bilder, die man in wohlvertraute Texte umleitete und dort zur Explosion brachte", erklärt Greil Marcus. „„Die äußerste Vorstellung dabei ist', verkündeten Debord und Wolman 1956, ‚dass jedes Zeichen, jedes Wort' – jede Straße, jedes Werbeplakat, jedes Gemälde, jeder Text, jede Verkörperung des Glücksbegriffs einer Gesellschaft – dazu geeignet ist, in ein anderes und sogar in sein Gegenteil verwandelt zu wer-

den."[145] Jedes Zeichen, jede Bewertung kann in ihr Gegenteil verkehrt werden – das ist die Kernbotschaft! Und dieses Prinzip der
subversiven Verfremdung praktizieren gegenkulturelle Aktivisten
ebenso wie arrivierte Werber mit großem Erfolg. Neid und Missgunst beispielsweise will kein Mensch. Der Autovermieter *Sixt*
dagegen warb vor einigen Jahren damit, dass man bei ihm „Neid
und Missgunst für 99 Mark" haben könne. Unter der klotzigen
Headline war ein Porsche 911 abgebildet. Die Provokation wirkte
und ließ sich spielerisch modifizieren: „Feuchte Hände" gab es
beispielsweise für „195 Mark", inklusive einer BMW-
Oberklasselimousine der 8er-Reihe.

„Durch Höflichkeit entsteht nie eine schlagkräftige Kampagne",
wusste schon David Ogilvy.[146] Doch ob er so weit gegangen wäre,
wie *Saatchi & Saatchi* in den 1990er Jahren, ist wohl eher fraglich.
Damals konnten britische Konsumenten in Hochglanzillustrieren
ganzseitige Anzeigen lesen, über deren gesamte Größe ein einziger
Satz geschrieben stand: *„Read this you peace of shit* – Lies das, Du
Stück Scheiße." Englische Höflichkeit klingt anders. Erst wenn
man sich die Mühe machte, das Kleingedruckte zu lesen, verstand
man die Bedeutung dieser verbalen Attacke: „Wenn Sie diese Anzeige als Beleidigung empfinden, ist das gut so. Niemand sollte so
behandelt werden. Leider gibt es aber Millionen Menschen auf der
ganzen Welt, denen es so ergeht."[147] Absender der Anzeige war die
Menschenrechtsorganisation *Anti-Slavery International*.

Niemand hat sich über den Tonfall dieser Anzeige beschwert.

Aber viele haben intensiv über ihren Inhalt diskutiert.

---

[145] Greil Marcus: *Lipstick Traces. Von Dada bis Punk – Eine geheime Kulturgeschichte des 20. Jahrhunderts*, Reinbek 1996, S. 173.

[146] David Ogilvy: *Geständnisse eines Werbemannes*, München 1991, S. 28.

[147] Zitiert nach: Mario Pricken: *Kribbeln im Kopf. Kreativitätstechniken und
Brain-Tools für Werbung und Design*, Mainz 2002, S. 75.

KAPITEL 4
DIE GEDANKENBOMBE

Eine Anleitung für den Selbstbau

Grau, mein Freund, ist alle Theorie ... deshalb ist es Zeit, einen Konstruktionsplan zu liefern, der Ihnen zeigt, wie Sie die theoretischen Bauteile, die auf den vorherigen Seiten vorgestellt wurden, miteinander verdrahten können, um auf diese Weise eine Gedankenbombe zu bauen.

Kritiker werfen dem *Mindbomb*-Konzept vor, dass es nicht scharf zwischen Werbung und PR unterscheide. Es handle sich um ein Kampagnenverständnis, bei dem unklar sei, ob klassische Werbung, Formen des Direkt-Marketings, interaktive Online-Aktionen oder herkömmliche Presse- und Öffentlichkeitsarbeit im Zentrum stünden. Diesen Kritikern muss in aller Entschiedenheit geantwortet werden:

Ja, sie haben Recht!

Voll und ganz.

Ohne jeden Zweifel.

Und in jeder Hinsicht.

Diese Differenzen spielen für das *Mindbomb*-Konzept tatsächlich keine oder allenfalls eine untergeordnete Rolle. Durch seinen überschreitenden Gestus hat das gegenkulturelle Konzept der Gedankenbombe allerdings lediglich frühzeitig vorweggenommen, was inzwischen auch in weiten Bereichen der kommerziellen Kommunikation als Mehrheitsmeinung gilt: Die Grenzen zwischen klassischer Werbung, also Anzeigen oder Fernsehspots, Instrumenten des Direkt-Marketings, wie Mailings oder Call-Center-Aktionen, interaktiven Elementen, insbesondere in digitaler Form, sowie der unter dem Oberbegriff Public Relations subsumierten Medien- und Öffentlichkeitsarbeit verschwimmen zunehmend. Die klassische Werbekampagne und die klassische PR-Kampagne werden immer seltener separat voneinander konzipiert.

Integrierte Kommunikation lautet seit einigen Jahren das Zauberwort, das eine Kampagnenkonzeption fordert, in der alle kommunikativen Instrumente, Aktionen und inhaltlichen Bausteine unter das Dach einer integrierenden Idee gestellt und in den Rahmen einer einheitlichen Strategiekonzeption eingefügt werden. Ein

Vorgehen, das die frühen Greenpeace-Aktivisten unter der Leitung von Bob Hunter und Rex Weyler bereits vor mehr als dreißig Jahren erfolgreich praktizierten – und dem sie den Namen „Gedankenbomben" gaben.

Eine Gedankenbombe muss unabhängig von potenziell zu wählenden Medienkanälen entwickelt werden. Sie ist die tragende Idee, auf der alles aufbaut, das mythische Bild, das die Menschen emotional ergreift und die subversive Lust, kreative Wege zu finden, die provozieren und für Interesse sorgen.

Sie ist die Initialzündung der öffentlichen Aufmerksamkeit.

Erster Schritt: Bestücken Sie Ihre Werkzeugkiste

1. Sammeln Sie Bilder und Eindrücke.

Achten Sie auf Ihre Umwelt. „Kreative Menschen sind besonders gute Beobachter", wusste schon David Ogilvy.[148] Lassen Sie Ihre alltägliche Umwelt so auf sich wirken, wie Sie es an exotischen Orten tun. Schlendern Sie wie ein Tourist durch Ihre eigene Stadt – Sie werden erstaunt sein, wie viel Neues Sie inmitten des Altbekannten entdecken. Und natürlich: Reisen Sie so viel wie möglich. Das schärft die Sinne und liefert zahlreiche neue Bilder.

2. Akzeptieren Sie Ihre Rolle als ungebetener Gast.

Niemand abonniert einen Werbebrief, keiner freut sich beim Fernsehen auf die Werbepause und kaum jemand kauft eine Zeitschrift wegen der Anzeigen (zumindest gibt es kaum einer zu). Werbung stört die Menschen. Denn Werbung ist ein ungebetener Gast in ihrem Leben. Erst wenn Sie verstanden haben, dass genau das Ihre Rolle ist – Sie sind derjenige, den niemand eingeladen hat und der trotzdem auf einer Party aufkreuzt – werden Sie in der Lage sein, gute und überraschende Werbung zu machen. Stellen Sie sich bei jeder Aufgabenstellung die Frage: Was würde mich interessieren?

---

[148] David Ogilvy: *Geständnisse eines Werbemannes*, München 1991, S. 26.

3. Hören Sie nicht auf zu träumen.

In vielen Berufen gelten Träumer nicht besonders viel. Ganz anders verhält sich das in der Werbung. Kreative Menschen nutzen die Kraft der Träume. „Ihre Vorstellungswelt ist reicher, und sie führen ein bewussteres Leben als andere Menschen. Sie haben eine viel stärkere Bindung zum Unbewussten, zur Phantasie, zu Träumereien", führt Ogilvy aus.[149] Und sie sind wagemutiger. Controller und Buchhalter sind ohne jeden Zweifel wichtig, aber Kreative sollten sich eher an Che Guevaras berühmten Ausspruch halten: „Seien wir realistisch, versuchen wir das Unmögliche."

Zweiter Schritt: Bereiten Sie die Werkbank vor

1. Lesen Sie das Briefing – und vergessen Sie es.

Das Briefing Ihres Kunden gibt Ihnen wichtige Informationen, deshalb sollten Sie es gründlich lesen. Aber es gibt – ob gewollt oder ungewollt – auch gewisse Richtungen vor und zwängt dadurch Ihre Gedanken ein. Deshalb sollten Sie es rasch wieder vergessen. Reinhard Siemes, der elder statesman der deutschen Texterzunft, wird nicht müde diesen Ratschlag zu wiederholen. Vor einigen Jahren habe ich Siemes bei einem Seminar des Art Directors Club diesen Ratschlag geben gehört und anschließend in seinen Kolumnen ihn immer wieder gelesen: „Wie undumm das Briefing auch sein mag (90 Prozent aller Briefings sind eine Katastrophe), Sie sollten es zuerst einmal ignorieren."[150] Siemes verfügt über jahrzehntelange Werbeerfahrung, Sie können dem Mann also guten Gewissens vertrauen.

2. Lösen Sie den Zeitdruck auf.

Druck kann positiv wirken. Er kann dafür sorgen, dass Energiereserven freigesetzt werden, die Ihnen ansonsten verborgen bleiben würden. Zu viel Druck allerdings kann schädlich sein. Er kann Sie lähmen, so dass Sie am Ende wie das Kaninchen vor der Schlange

---

[149] Ebd., S. 26f.
[150] Reinhard Siemes: „Überleben als Kreativer", in: *werben & verkaufen*, Nr. 45, 2004.

sitzen, ohne auch nur eine einzige brauchbare Zeile zu Papier zu bringen. Deshalb: Lösen Sie den Zeitdruck auf. Zerteilen Sie das zur Verfügung stehende Zeitpensum in einzelne, überschaubare Schritte. Das mag einfach klingen, hat aber eine große Wirkung, und sollte deshalb zu Beginn jeden Projekts gemacht werden.

3. Motivieren Sie sich und Ihr Team.

Sie kennen wahrscheinlich das Zitat von Antoine de Saint-Exupéry: „Wenn du ein Schiff bauen willst, so trommle nicht Männer zusammen, um Holz zu beschaffen, Werkzeuge vorzubereiten, Aufgaben zu vergeben und die Arbeit einzuteilen, sondern lehre die Männer die Sehnsucht nach dem weiten endlosen Meer." Auch wenn der Spruch schon auf allzu vielen Kalenderblättern abgedruckt worden sein mag, liegt doch ein unbestreitbar wahrer Kern darin: die leistungsfördernde Kraft der Motivation. Begeistern Sie sich und Ihr Team für die Aufgabe, die vor Ihnen liegt – auch um den Preis, dass Sie sich und Ihren Mitarbeitern etwas vormachen. Selbstsuggestion nennt man so etwas.

Dritter Schritt: Bauen Sie den Trägerkörper

1. Durchleuchten Sie das Produkt.

Betrachten Sie in aller Ruhe das zu kommunizierende Produkt – beziehungsweise das soziale Anliegen, den Kandidaten oder was auch immer im Zentrum Ihrer Kampagne stehen soll. Nehmen Sie dabei verschiedene Blickwinkel ein. Lassen Sie es auf sich wirken. Benutzen Sie es. Sprechen Sie mit anderen Menschen darüber. Suchen Sie nach Stärken, aber durchleuchten Sie es auch nach Schwächen. Und vor allen Dingen: Schreiben Sie alles auf, was Ihnen auffällt, so unwichtig es auch erscheinen mag.

2. Analysieren Sie die Zielgruppe.

An wen wendet sich Ihre Kampagne in erster Linie? Wie leben diese Menschen? Welche Wertvorstellungen prägen ihr Handeln? Was machen sie in ihrer Freizeit? Analysieren Sie die Zielgruppe und deren Bedürfnisse, lernen Sie die Menschen kennen, mit denen

Sie in Kontakt treten wollen. Nutzen Sie dafür so viel empirisches Material, wie Sie nur bekommen können. Je besser Sie die Menschen kennen lernen, desto zielgenauer können Sie sie ansprechen.

3. Beobachten Sie die Marktsituation.

Mit welchen Anbietern steht Ihr Produkt in direkter Konkurrenz? Wie viele Mitbewerber tummeln sich auf Ihrem Feld? Wie treten diese auf dem Markt auf und wie sind deren Produkte beschaffen? Wo liegen die Stärken der Konkurrenz, wo deren Schwächen? Es empfiehlt sich, den Markt gut zu kennen, bevor man ihn mit einer Kampagne betritt.

4. Formulieren Sie das Kampagnenziel.

Es ist die bislang schwierigste Aufgabe, der Sie sich stellen müssen: die Formulierung des Ziels Ihrer Kampagne. Was wollen Sie erreichen? Und welche Botschaft stellen Sie dafür in den Mittelpunkt Ihrer Aktivitäten? Kurz: Wie lautet Ihre Single-Minded Main Message? Sind Ziel und Botschaft formuliert, müssen Bilder und Texte dafür gefunden werden. Das ist der kreative Part der Kampagnenkonzeption, den wir weiter unten erläutern werden.

5. Erstellen Sie einen Finanzplan.

Wie viel Geld steht für Ihre Kampagne zur Verfügung? Die Höhe des Budgets setzt dem Umfang Ihrer kommunikativen Aktivitäten eine „natürliche" Grenze. Legen Sie in groben Zügen fest, auf welche Medienkanäle Sie die Geldmittel in welcher Höhe voraussichtlich verteilen werden. Eine endgültige Wahl der Kanäle und Instrumente sollte allerdings erst erfolgen, wenn die zentrale Kampagnenidee ausgearbeitet worden ist. Schließlich lautet unser oberstes Prinzip: Die Idee ist der Boss.

6. Schaffen Sie eine zeitliche Ordnung.

Wann werden welche Medienkanäle bespielt? Welche Elemente sollen aufeinander aufbauen? In welcher Form sollen sich verschiedene Aktionen wechselseitig verstärken? Gibt es äußere Einflüsse, also beispielsweise wichtige Messen oder ähnliche Ereig-

nisse, die berücksichtigt werden müssen? Erstellen Sie einen Zeitplan, der all diese Ereignisse und Aktivitäten in eine dynamische
Ordnung bringt und damit all die oben genannten Fragen beant-
wortet.

7. Schreiben Sie ein Strategiekonzept.

Im Filmgeschäft gibt es einen einfachen Lehrsatz: Kein erfolgreicher Film ohne straffes Drehbuch. Und dieser Satz kann in leicht
modifizierter Form auch für die Kommunikationsbranche angewendet werden: Keine erfolgreiche Kampagne ohne schlüssiges
Strategiekonzept. Erst wenn Sie all die oben genannten Aspekte in
schriftlicher Form niedergelegt haben, existiert für Ihre Kampagne
eine Art „Drehbuch", ein Leitfaden, der allen Beteiligten Orientierung gibt und der dafür sorgt, dass die Zielrichtung der Kampagne
nie aus den Augen verloren wird.

Vierter Schritt: Konstruieren Sie den Zünder

1. Die Idee ist der Zünder ihrer Gedankenbombe.

Sie ist das Herzstück Ihrer Kampagne, die treibende Kraft und
gleichzeitig die einigende Instanz, die alle Elemente zusammenhält: die Idee. „Wenn Ihre Kampagne nicht um eine große, wirklich einmalige Idee aufgebaut ist, werden Sie keinen Erfolg haben", predigte David Ogilvy.[151] Und wer wollte ihm da widersprechen?

2. Nehmen Sie sich Zeit.

Zündende Ideen brauchen Zeit. Nehmen Sie deshalb die Hektik
raus, lassen Sie Ihre Gedanken fließen und machen Sie in aller
Ruhe alleine oder mit Ihrem Team ein Brainstorming. „Je mehr Sie
sich mit dem Produkt auseinander setzen, es analysieren, es aus
allen Perspektiven betrachten und damit spielen, desto müheloser
fließen hochwertige Ideen", sagt Mario Pricken.[152]

---

[151] David Ogilvy: *Geständnisse eines Werbemannes*, München 1991, S. 128.
[152] Mario Pricken: *Kribbeln im Kopf*, Mainz 2002, S. 15.

3. Schaffen Sie Raum für Neues.

Kennen Sie die Zen-Metapher, nach der eine Tasse erst geleert werden muss, bevor man sie mit etwas Neuem befüllen kann? Lächeln Sie nicht! Zen und Gegenkultur waren eng verbunden und beide hatten großen Einfluss auf die Kreativwirtschaft: Apple-Gründer Steve Jobs, der in den siebziger Jahren sogar selbst kurzzeitig als kahlköpfiger Bettelmönch durch Indien zog, nutzte beispielsweise von Anfang an den Rat eines Zen-Meisters für Unternehmensentscheidungen.[153] Und das funktioniert auch ganz ohne Spiritualität. Wenn man nach einer Idee sucht, „ist es am besten, wenn die Festplatte gelöscht ist. Erst dann ist man wieder offen für alles. Dafür sorgen wir ganz bewusst", sagt beispielsweise Chuck Porter, Boss der Edelschmiede Crispin Porter + Bogusky. „Wir denken dabei weder an Anzeigen, noch an den Kunden, noch an Medienkanäle. Nichts existiert. Sobald man von irgendwoher Anleihen nimmt, wird es schwer, etwas zustande zu bringen, was herausragt und sich abhebt."[154] Also, lassen Sie die ADC-Jahrbücher ruhig erst mal im Schrank. Die Idee ist in Ihnen, Sie müssen ihr nur die Chance geben, rauszukommen.

4. Geben Sie sich nie mit der ersten Idee zufrieden.

Widerstehen Sie der Gefahr der schnellen Zufriedenheit. „Ein Prozent Inspiration, 99 Prozent Transpiration", soll Thomas Alva Edison auf die Frage nach der Ursache seines Erfolgs geantwortet haben. Das gilt auch für kreative Kommunikation: Transpiration schlägt Inspiration. Oder, wie es Edel-Werber Jean-Remy von Matt formuliert: „Qualität beginnt mit Qual." In diesem Sinne: Quälen Sie sich und quälen Sie Ihre Mitarbeiter.

5. Schreiben Sie jede Idee auf.

Halten Sie jede Idee schriftlich fest, so albern sie Ihnen auch erscheinen mag. Erstens weiß man zu Beginn eines kreativen Prozesses nie, auf was man noch einmal zurückkommen wird. Und zwei-

---

[153] Vgl. dazu: Jeffrey Young, William L. Simon: *Steve Jobs und die Geschichte eines außergewöhnlichen Unternehmens*, Frankfurt/M. 2006, insbesondere S. 37-49.

[154] Benno Groeneveld: „Die Idee ist der Boss", in: *werben & verkaufen*, Nr. 46, 2005, S. 40.

tens müssen alle schlechten Ideen aus ihrem Kopf raus, damit genug Platz vorhanden ist für die guten.

6. Nutzen Sie Hilfsmittel.

Verwenden Sie bei Ihrer Suche nach neuen Ideen vorhandene Kreativitätstechniken. Das wahrscheinlich bekannteste Hilfsmittel dürfte die *Osborn-Checkliste* sein. Benannt nach ihrem Erfinder Alex F. Osborn, der nach einem Philosophie-Studium und einigen Jahren als Zeitungsreporter im Jahr 1919 mit Bruce Barton und Roy Durstine eine Werbeagentur gründete, die bald darauf als BBDO ihren Siegeszug durch die Wirtschaftswelt antrat. Osborn war nicht nur ein begnadeter Geschäftsmann, sondern gilt auch als Erfinder des Brainstormings, das durch die nach ihm benannte Fragenliste strukturiert und inspiriert werden soll:

- Kann die eigentliche Idee des Produkts ins Gegenteil verkehrt werden?
- Wie lässt sich das Produkt verändern?
- Welche Eigenschaften lassen sich umgestalten?
- Lässt sich etwas vergrößern, hinzufügen, vervielfältigen?
- Lässt sich etwas verkleinern, wegnehmen, verkürzen?
- Was kann ersetzt werden?
- Wofür kann ich es noch verwenden? Kann ich es anders einsetzen?
- Ist das Produkt etwas anderem ähnlich?
- Kann ich es kombinieren oder mit Personen verbinden?

7. Seien Sie mutig.

Vergessen Sie nicht: Sie möchten Aufmerksamkeit erregen. Also seien Sie mutig. Verwenden Sie unerwartete Bilder, ungewöhnliche Formate und drastische Worte. Spielen Sie mit Klischees, übertreiben Sie einzelne Aspekte, wenn es sein muss bis ins Absurde. Verändern Sie den Kontext, in dem Ihr Produkt gewöhnlich wahrgenommen wird, stellen Sie es in einem völlig anderen Umfeld dar (Stichwort: „Reframing"). Suchen Sie nach Metaphern oder Analogien, die auf das Produkt angewendet werden können und die seinen Nutzen einprägsam in Szene setzen. Machen Sie das Gegenteil von dem, was Ihr Kunde, Ihre Zielgruppe oder Ihr Vorgesetzter von Ihnen erwartet.

Fünfter Schritt: Kämpfen Sie für Ihre Gedankenbombe

Leider haben wir keine bessere Nachricht für Sie: Wenn Sie eine Top-Idee entwickelt haben, ist die Arbeit damit noch lange nicht getan. Im Gegenteil, manchmal hat man das Gefühl, dass die Arbeit jetzt erst richtig beginnt. Denn sobald eine überraschende Idee die Welt erblickt, lauern Fußangeln und Stolperfallen an allen Ecken und Enden. „Nein, so kann man das nicht machen", lautet noch einer der freundlicheren Aussprüche, die Kreative zu hören bekommen, wenn sie etwas Ungewöhnliches vorschlagen. Beliebt sind auch: „Das funktioniert doch ohnehin nicht" oder „die Idee kauft uns der Kunde nicht ab".

Sie kennen solche Sprüche? Kein Wunder, denn „Studien haben ergeben, dass Sitzungsteilnehmer etwa 70 Prozent der Zeit damit verbringen, Vorschläge von Kollegen zu widerlegen", wie Mario Pricken ausführt.[155] Damit ist klar: Sie müssen für Ihre Idee kämpfen, wenn sie nicht auf dem Friedhof der Kuscheltiere landen soll. Und zwar in der Regel gleich mehrfach – zunächst innerhalb Ihrer eigenen Agentur, anschließend während der Präsentation vor dem Kunden.

Üben Sie sich deshalb in Verhandlungstaktik. Nutzen Sie die Instrumente, die uns die Spieltheorie bereitstellt. Denn es ist gut zu wissen, wie weit man in bestimmten Situationen die *Selbstbindung* treiben sollte, wann *Brinkmanship* die gebotene Vorgehensweise ist und wie man den *Bandwagon-Effekt* zum eigenen Vorteil einsetzt. Ach ja, und haben Sie kein schlechtes Gewissen dabei, wenn Sie per Spieltheorie Ihr Gegenüber auszuspielen versuchen. Wahrscheinlich haben die Menschen, die Ihnen jeweils gegenüber sitzen, auch längst spieltheoretische Weiterbildungsseminare besucht – und sind fleißig dabei, jeden Ihrer Züge zu analysieren.

*

Wenn Sie all das geschafft haben, wenn Sie eine Gedankenbombe gebaut haben und sie anschließend durch die Barrikaden der Bedenkenträger und Blockierer schmuggeln konnten, dann stellen Sie den Timer des Zünders, rücken Sie Ihren Sessel ganz nah ans Fens-

---

[155] Mario Pricken: *Kribbeln im Kopf*, Mainz 2002, S. 19.

ter, lehnen Sie sich zurück – und genießen Sie das Feuerwerk, das Ihre Gedankenbombe entfacht.

Aber entfernen Sie sich nicht zu weit von der Zentrale Ihrer Kampagne.

Es kann nämlich sein, dass man Sie plötzlich dort braucht.

NACHWORT
WERBUNG, BITTE BLEIBEN SIE DRAN!

> Warum sollte Werbung nicht,
> wie die Kunst oder die Me-
> dien, eine Spielwiese der Phi-
> losophie, ein Emotionskataly-
> sator, ein Forum für Streit und
> Polemik sein?
>
> Oliviero Toscani[156]

„Ich bin Werber: ja, ein Weltverschmutzer. Ich bin der Typ, der Ihnen Scheiße verkauft. Der Sie von Sachen träumen lässt, die Sie nie haben werden", eröffnete Frédéric Beigbeder seine damals mit großem Getöse als Skandalroman angekündigten halbfiktiven Geständnisse eines Werbetexters.[157] Wenn die Rede auf Werbung kommt, scheinen die Klischees zu funktionieren: Koks, Karriere, Kultstatus. Keine Frage, das Image der Imagemacher ist schlecht. Und haben nicht schon vor über einem halben Jahrhundert Max Horkheimer und Theodor W. Adorno die allgegenwärtige Macht der Werbeindustrie durchschaut? Persönlichkeit bedeute „kaum mehr etwas anderes als blendend weiße Zähne und Freiheit von Achselschweiß und Emotionen. Das ist der Triumph der Reklame in der Kulturindustrie." Oder: „Bekämpft wird der Feind, der bereits geschlagen ist, das denkende Subjekt", so die beiden Frankfurter Sozialphilosophen.[158] Einfacher ausgedrückt: Werbung manipuliere, Werbung verführe, Werbung mache dumm.

Aber ist es wirklich so einfach?

Natürlich will Werbung zum Kauf verführen. Werbung ist schließlich Teil der Absatzplanung eines Unternehmens. Doch zuallererst muss Werbung informieren. „Sprechen Sie von Tatsa-

---

[156] Oliviero Toscani: *Die Werbung ist ein lächelndes Aas*, Franfurt/M. 1997, S. 48.

[157] Frédéric Beigbeder: *Neununddreißig neunzig*, Reinbek 2001, S. 15.

[158] Max Horkheimer, Theodor W. Adorno: *Dialektik der Aufklärung*, Frankfurt/M. 1998, S. 176 und S. 158.

chen", gab David Ogilvy Generationen von Werbetextern mit auf
den Weg.[159] Ogilvy, der im Juli 1999 im Alter von 88 Jahren in
seinem Alterswohnsitz Schloss Touffou in Frankreich gestorben
ist, gilt als die größte Werbelegende des 20. Jahrhunderts. Zu seinen Kunden gehörten nahezu alle wichtigen Großunternehmen der
USA: *American Express*, *General Food*, *Campell's Soup* oder
Shell, um nur die Größten zu nennen.

Bis heute zitieren Texter auf der ganzen Welt mit Hochachtung
seinen Rolls Royce-Slogan aus den sechziger Jahren: „Bei 60 Mei-
len pro Stunde kommt das lauteste Geräusch in diesem Rolls
Royce von der elektrischen Uhr." Kein lauter Knaller, keine krach-
lederne Witzigkeit. Statt dessen schlichte Information auf den
Punkt genau formuliert. „Sie beleidigen die Intelligenz der Konsumenten, wenn Sie annehmen, dass ein einziger Slogan oder einige nichtssagende Adjektive sie zum Kauf einer Ware veranlassen
könnten", wurde Ogilvy nicht müde zu ermahnen. Seine Empfeh-
lungen reduzierte er selbst gerne auf drei kurze Ratschläge: Seien
Sie kein Lügner, seien Sie kein Clown, seien Sie kein Langwei-
ler.[160]

Dass nicht überall Ogilvys in den Agenturen sitzen, ist eine zu
einfache Erklärung dafür, warum es so viel schlechte Werbung
gibt. Und doch täte es gut, wenn öfters an dessen Lehren aus den
sechziger Jahren erinnert würde.

Werbung muss informieren, doch Werbung muss auch unterhalten. Schließlich darf man nicht vergessen, dass Werbung ein ungebetener Gast im Leben des Konsumenten ist. Deshalb braucht gute
Werbung vor allem eins: eine gute Idee. Alles andere ist Hand-
werk, die ansprechende grafische Gestaltung, der eingängige Text.
Eine Kampagne, die nicht um eine überzeugende Idee herum aufgebaut wird, ist zum Scheitern verurteilt – und führt zu jenen Anzeigen und Spots, die wir als Belästigung empfinden. Da werden
erwachsene Männer in Hasenkostüme gesteckt und sollen für fran-
zösische Autos werben. Der ehemalige Fußballkaiser Franz Be-
ckenbauer wundert sich jeden Winter aufs Neue: „Jo, is denn heut
scho Weihnachten?" Und wenn sonst nichts hilft, wird ein Model
gebucht und nackt fotografiert. Hauptsache Mann guckt hin.

Dabei trennt oft nur ein schmaler Grat das Geniale vom Blöd-
sinnigen. So war es vor einigen Jahren ein wunderbarer Kunstgriff,

---

[159] David Ogilvy: *Geständnisse eines Werbemannes*, München 1991, S. 128.
[160] Ebd., S. 125-143.

das sinnlich nicht fassbare Produkt Strom mit einer Farbe zu versehen. Die Einführungskampagne für *Yello-Strom* wurde damit zum Riesenerfolg. Dank einer einfachen Idee und ihrer geradlinigen Umsetzung. Ganz anders beim Konkurrenten *E.ON*. Der hatte zur Markeneinführung ganzseitige rote Anzeigen geschaltet, ohne Text, ohne Logo. Wohl in der Hoffnung, damit bei den Zeitschriftenlesern eine Irritation auslösen zu können. Doch kaum ein Leser dürfte sich tagelang mit der Frage gequält haben, wer denn hinter diesen geheimnisvollen roten Seiten stecke. Bald darauf durfte der Konsument in Veronika Ferres' Ausschnitt blicken und feststellen: „Ihr *E.ON* steht ihr gut." Zugegeben, die Ferres war ganz nett anzuschauen, doch den Sinn dieser Anzeigen suchte man vergebens.

Ein Produkt, zwei Kampagnen – vordergründig so ähnlich und doch so grundverschieden.

Was ist nun aber dran, an Horkheimers und Adornos Kritik, Werbung bekämpfe das denkende Subjekt, sei also Anti-Aufklärung in Reinkultur? In Zeiten, in denen Wahlkämpfe Millionen verschlingen und inhaltsleerer geführt werden als je zuvor, scheinen Werbung und Politik zu verschmelzen. Angela Merkel oder Kurt Beck? Für nicht wenige hat das in etwa die Bedeutung der Frage, *Coca-Cola* oder *Schweppes*. In Zeiten also, in denen Politiker sich zu Werbeexperten entwickeln, sollte es nicht verwundern, wenn Werber anfangen, Politik zu machen.

Oliviero Toscani, fast 20 Jahre lang schillernder Kreativchef von *Benetton*, war so ein Fall. Seine berühmten Plakatmotive, mit denen er sich immer wieder in aktuelle politische Fragen einmischte, wurden gleichermaßen geliebt und gehasst. Es gibt kaum ein Land, in dem die Zensur nicht zugeschlagen hätte. Als Toscani 1991, kurz nach Ausbruch des ersten Golfkriegs, mit einem Soldatenfriedhof werben wollte, wurde das Motiv in Italien, Frankreich, England und Deutschland verboten. Eine ölverschmierte Ente, Sinnbild der Umweltverschmutzung, galt als wettbewerbswidrig, ärgerniserregend und belästigend. Als sich auf einem Plakat eine Nonne und ein Priester einen Kuss gaben, blockierte das katholische Italien die Veröffentlichung. Heftig diskutiert wurden die Fotos des sterbenden Aids-Kranken David Kirby und der blutverschmierten Uniform des getöteten bosnischen Soldaten Marinko Gagro. Und mit den USA verscherzte Toscani es sich endgültig im Frühjahr 2000 durch seine „Sentenced to Death"-Kampagne. Der italienische Edel-Werber war mit seiner Kamera ganz dicht an die

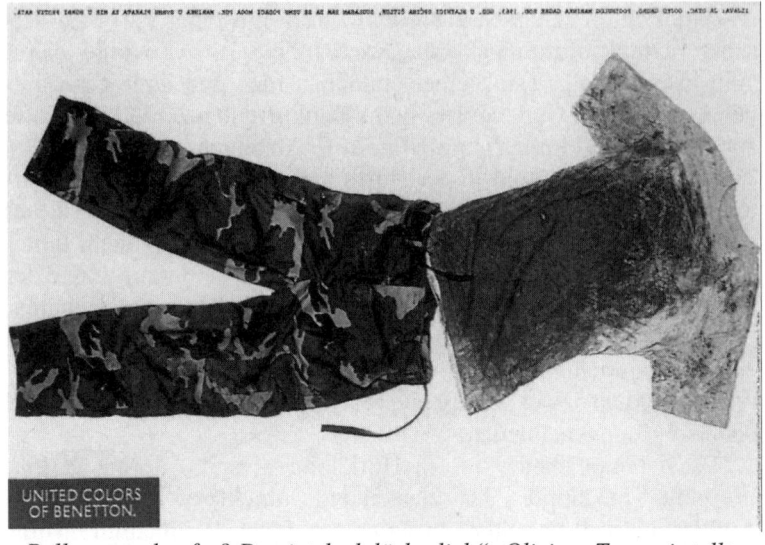

„Pullover verkaufen? Das ist doch lächerlich": Oliviero Toscani stellte gesellschaftliche Probleme ins Zentrum seiner Benetton-Kampagnen: ...

Gesichter todgeweihter Häftlinge herangegangen, um sie in verletzlich wirkenden Close-up-Porträts festzuhalten. Mit traurigen Augen blickten die Insassen der Todeszellen wochenlang von Plakatwänden und aus Hochglanzillustrierten die Passanten und Leser an. Wie ein Stempel war der Schriftzug „Sentenced to Death – zum Tode verurteilt" über die Porträts gezogen. Rechts unten stand in kleingedruckten Buchstaben jeweils der Name des Menschen sowie einige wenige persönliche Daten.

Wäre nicht einige Zentimeter darüber das grüne *Benetton*-Logo platziert gewesen, hätte man die Motive für eine reine Menschenrechtskampagne halten können. Und tatsächlich wollte Oliviero Toscani sie als solche verstanden wissen: „Es ist das Projekt, das ich immer schon machen wollte. Wissen Sie, wenn Sie mich fragen, sind Sie für oder gegen die Todesstrafe, dann weigere ich mich, so etwas überhaupt zu beantworten. Denn auf diese Frage einzugehen bedeutet, dass man akzeptiert, dass Menschen das Recht haben, über den Tod eines anderen Menschen zu entscheiden."[161] Es dauerte nicht lange, bis diese Anzeigen und Plakate in

---

[161] Oliviero Toscani: „Provokation ist eine Geste der Großzügigkeit", in: *Lürzer's Archiv*, Nr. 3, 2000, S. 7.

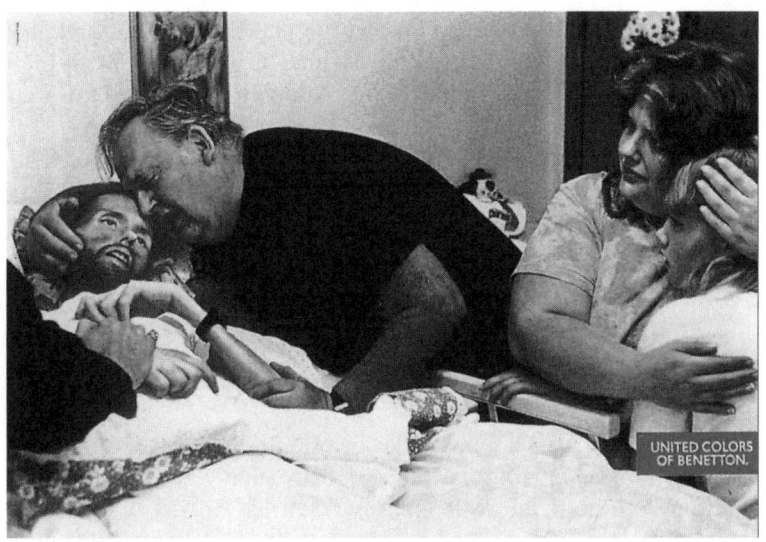

... den Krieg im ehemaligen Jugoslawien (links), Aids (rechts), Rassismus, Umweltverschmutzung oder die Todesstrafe.

Amerika zu wütenden Demonstrationen führten. *Benetton*-Geschäfte wurden belagert und Verkäufer beschimpft. Eine große US-Handelskette kündigte sogar ihren Vertrag mit dem italienischen Textilhersteller und warf *Benetton*-Produkte aus ihrem Sortiment. Toscanis Reaktion: „Ist doch wunderbar. Kann eine großartige Gelegenheit sein. Morgen bekommen wir vielleicht einen viel besseren Kunden."[162] Von Drohungen, welcher Art auch immer, das machte Toscani klar, ließ er sich nicht einschüchtern.

Im Gegenteil.

Oliviero Toscani suchte den Skandal und liebte die gegenkulturelle Pose des Provokateurs. Letzteres unterstrich er schon durch seine äußere Erscheinung. Anzug und Krawatte? Fehlanzeige. Statt dessen Dreitagesbart, halblange Haare und weit aufgeknöpftes Hemd. *Rebel without a cause?* Das greift zu kurz, denn nach einem Grund für seine Aktionen brauchte man Toscani nicht allzu lange zu fragen. Der Mann wusste, was er tat – und vor allem auch warum. „In 86 Ländern auf dieser Erde gibt es nach wie vor die Todesstrafe", erklärte er. Und auf George W. Bush angesprochen, der damals noch Gouverneur von Texas war und sich gerade auf den

---

[162] Ebd., S. 9.

Wahlkampf um das Weiße Haus vorbereitete: „Kein Serienkiller hat so viele Menschen auf seinem Gewissen wie dieser Staat [Texas]. George W. Bush – eines Tages könnten wir ihn genauso zu Rechenschaft ziehen, wie wir das mit Pinochet tun."[163]

Nach betriebswirtschaftlich durchdachter Absatzstrategie klangen solche Ausführungen nicht gerade. „Pullover verkaufen? Das ist doch lächerlich", antwortete Toscani folgerichtig auf die Frage nach der Motivation seiner werblichen Arbeit.[164] Das Verkaufen interessiere ihn nicht, er verkaufe überhaupt nie etwas. Zwar habe das Marketing ein ganz bestimmtes Wertesystem geschaffen, dem sich alle unterzuordnen hätten. Er jedoch weigere sich, damit konform zu gehen. „Ich betreibe keine Marktforschung. Es kümmert mich nicht."[165]

Dennoch, sagen die einen, oder gerade deshalb, sagen die anderen, gab ihm der Erfolg Recht. Wie dem auch sei, seine Schock-Werbung wirkte. Und zwar nicht nur bei der Ankurbelung politischer Debatten. Auch der Absatz der italienischen Strickpullis nahm enorm zu. *Benetton* entwickelte sich unter Toscanis Markenführung zu einer der bekanntesten Marken der Welt. Was Firmenpatriarch Luciano Benetton allerdings noch mehr gefreut haben dürfte: Der Wert des Unternehmens vervielfachte sich in dieser Zeit. Toscani sprach von einer Verzwanzigfachung und betonte: „Das Einzige, was mich interessiert, ist, dass die Dinge, die ich tue, erfolgreich sind, damit ich sie auch weiterhin tun kann. Das ist die einzige Chance, die ein Künstler heutzutage hat: dass er das System ausbeutet. Und ich habe kein Problem damit, diese Marketingmaschine auszubeuten. Ich habe keine andere Chance."[166]

Die Selbststilisierung wirkte. Der erfolgreiche Werber als gegenkultureller Aktivist. Oder umgekehrt, je nach Blickwinkel. Oliviero Toscani versinnbildlichte in den achtziger und neunziger Jahren diese rebellische Figur wie kaum ein anderer – mitsamt der inneren Zerrissenheit, die solch eine Doppelexistenz mit sich brachte. Der unkonventionelle Kreativdirektor verkehrte mit den reichsten Männern und Frauen Europas, war begeisterter Porschefahrer und liebte den Luxus mindestens ebenso sehr wie die Provokation. Gleichzeitig profilierte er sich als libertärer Freigeist.

---

[163] Ebd., S. 9 und S. 7.
[164] Ebd., S. 7.
[165] Ebd., S. 8.
[166] Ebd.

Vom Kommunismus hielt er nicht viel, von Papst und Kirche noch weniger, was er auch im katholischen Italien lauthals verkündete. Was ihn empörte, machte er zum Gegenstand seiner Arbeit: den gesellschaftlichen Umgang mit Aids, den Bürgerkrieg im ehemaligen Jugoslawien, Kinderarbeit, Umweltzerstörung – oder eben die Todesstrafe.

Luciano Benetton ließ ihn gewähren. Fast zwanzig Jahre lang. Schließlich zahlten sich Toscanis Provokationen in Marktanteilen und Gewinnsprüngen aus, den härtesten Währungen im globalisierten Wettkampf der Konzerne. Also ertrug Benetton Gerichtsverfahren und einstweilige Verfügungen, Schmähbriefe und Feuilleton-Debatten.

Bis zur „Sentenced to Death"-Kampagne.

Danach war Schluss. Weshalb die für beide Seiten höchst erfolgreiche Zusammenarbeit endete, wurde nicht öffentlich kommuniziert. Wahrscheinlich war der Gegendruck, der aus den USA kam, einfach zu stark: die Demonstrationen, die Boykott-Aufrufe und die gekündigten Verträge großer Handelshäuser. Vielleicht wollte Luciano Benetton aber auch einfach endlich nur das tun, was Toscani als lächerlich empfand: Pullover verkaufen. Sicher ist nur, dass der Firmenpatriarch kurzerhand die Kampagne absetzen ließ und sich überraschend von seinem Kreativchef trennte.

The party was over.

Aber das galt nicht nur für Toscani. Das galt auch für die Marke *Benetton*. Statt innovativer Impulse prägen inzwischen propere, meist blonde und immer schön anzusehende Models die Plakate und Anzeigen von *Benetton*. Der Hauch des Besonderen, des Eigenwilligen ist verschwunden. Die Widerhaken der früheren Motive, die sich in den Erinnerungen der Betrachter verfingen, sind einer austauschbaren Beliebigkeit gewichen.

Die Farben der *United Colors of Benetton* drohen zu verblassen.

Denken Sie einfach an die aktuelle Kampagne.

Welche Kampagne?

Eben.

DANK

Dieses Buch entstand aus der Arbeit, durch die Arbeit und neben der Arbeit in Kommunikationsagenturen. Und es hätte nicht entstehen können ohne das inspirierende Wechselspiel mit meinen Kolleginnen und Kollegen. Ihnen allen sei deshalb gedankt. Ganz besonders danke ich hierbei Michael Schleiner und Fritz Klieber, meinen beiden Agenturpartnern. Für harte Diskussionen und harmonische Entscheidungen.

Vor allem aber gebührt Rex Weyler mein herzlichster Dank. Ohne Umschweife hieß er uns in seinem Haus in Vancouver willkommen und ließ uns an seinem reichhaltigen Schatz an Erinnerungen teilhaben. Es waren wahrhafte Abenteuerreisen in die frühen Greenpeace-Jahre, die wir mit ihm unternehmen konnten. Als besonderes Zeichen seiner Großzügigkeit steuerte er für den Druck dieses Buches einige seiner wunderbaren Fotografien aus den Anfangstagen von Greenpeace bei. Um es kurz zu machen: *Thanks, Rex!*

Zu Dank verpflichtet bin ich auch Heinz Suhr, der mit rheinischem Humor und professioneller Kenntnis alle Fragen zur frühen Medien- und Öffentlichkeitsarbeit der Grünen beantwortete. Ein ehemaliger Polit-Aktivist, der die damaligen Aktionen längst aus dem Blickwinkel eines waschechten Medien-Profis betrachtet.

Besonderen Dank verdient auch Prof. Dr. h.c. Horst Teltschik, der sich trotz seines engen Terminkalenders die Zeit genommen hat, in aller Ruhe meine Fragen zu beantworten. Es war schon etwas Besonderes, am Erfahrungsschatz eines Mannes teilhaben zu können, der in der Endphase des Kalten Krieges in Geheimverhandlungen und durch diplomatisches Tauziehen an entscheidender Stelle bei der Gestaltung der Deutschen Einheit mitwirkte.

Einige Gedanken zu medialer Avantgarde und gegenkulturellem Protest, die teilweise in diesem Buch zu Argumentationslinien geronnen sind, konnte ich auf Einladung von Prof. Roman Horak vor einem Auditorium der Universität für angewandte Kunst in Wien ausführen. Roman Horak war nicht nur Mitbegründer und Co-Leiter des legendären IKUS, des *Instituts für Kulturstudien* in Wien, sondern ist einer der ersten und bis heute wichtigsten Vertreter der *Cultural Studies* im deutschsprachigen Raum. Vor allem aber ist er ein überaus netter Kollege und Freund. Lieber Roman, es war wunderbar in Wien.

Verschiedene Passagen dieses Buches konnten vorab als eigenständige Beiträge veröffentlicht werden. Dafür danke ich den Herausgebern und Redakteuren von *Ästhetik & Kommunikation*, der Wochenzeitung *Freitag*, der Magazinredaktion der *Badischen Zeitung* sowie des *Museumsmagazins*, das von der *Stiftung Haus der Geschichte der Bundesrepublik Deutschland* in Bonn herausgegeben wird.

Mit dem *Haus der Geschichte* verbindet mich eine besondere professionelle Liaison. Mehrfach konnte ich für das wichtigste zeithistorische Museum zur Nachkriegsgeschichte Deutschlands arbeiten: Ob wir zum WM-Jahr 2006 alle deutschen Bundeskanzler aufs Fußballfeld verfrachteten („Einigkeit und Recht und Fußball"), was die *BILD*-Zeitung kurzerhand zum „patriotischsten WM-Plakat" kürte. Oder ob es um den Begleitband zur großen Udo-Lindenberg-Ausstellung ging (den Udo selbst mit den Worten „extreeem gut" kommentierte) – immer waren es besondere Aufgaben im Berufsleben eines Werbers. So auch die Interviews mit Zeitzeugen, die ich mehrfach für das *Museumsmagazin* führte und die mir unter anderem den Weg zu Heinz Suhr und Horst Teltschik ebneten.

Meiner langjährigen Kollegin Simone Werdel, die inzwischen als Art Directorin in München für den schönen Schein sorgt, danke ich für die formgebende Hilfe bei der Gestaltung dieses Buches.

Da aber Form ohne Inhalt zur leeren Hülle verkommt, danke ich jenen beiden wissenschaftlichen Lehrern, die mich nicht nur vor vielen Jahren zur Textproduktion ermunterten, sondern die mir gleichzeitig das „Wildern in fremden Gärten" beibrachten, neudeutsch Interdisziplinarität genannt: Prof. Wolfgang Eßbach und Prof. Willem van Reijen. Ohne euch beide wäre nicht nur dieses Buch ungeschrieben geblieben.

Zuletzt danke ich meiner ersten Leserin und wichtigsten Kritikerin – der größte Dank gebührt zweifellos dir, Roswitha.

LITERATUR

Althaus, Marco (Hg.): Kampagne! Neue Strategien für Wahlkampf, PR und Lobbying, Münster 2002.

Araujo, Ivan E. de u.a.: „Cognitive Modulation of Olfactory Processing", in: Neuron, Nr. 46, 19. Mai 2005, S. 671-679.

Arden, Paul: Es kommt nicht darauf an, wer du bist, sondern wer du sein willst, Berlin 2006.

Asch, Solomon E.: „Effects of Group Pressure upon the Modification and Distortion of Judgements", in: Harold Guetzkow (Hg.): Groups, Leadership, and Men, Pittsburg 1951, S. 177–190.

Baltes, Martin (Hg.): absolute Marken – Labels – Brands, Freiburg 2004.

Baltes, Martin/Höltschl, Rainer (Hg.): absolute Marshall McLuhan, Freiburg 2002.

Beigbeder, Frédéric: Neununddreißig neunzig, Reinbek 2001.

Bittermann, Klaus: Auf und Ab mit Tiamat. Kurzer Ausflug in die Verlagsgeschichte, www.edition-tiamat.de (abgerufen am 22.5.07).

Böckelmann, Frank/Nagel, Herbert (Hg.): Subversive Aktion. Der Sinn der Organisation ist ihr Scheitern, Frankfurt/M. 2002.

Bolz, Norbert: „Cargo-Kult und Werbe-Opfer. Was Religion, Gesellschaft und Konsum zusammenhält", in: Sigrid Randa-Campani: Wunderbare Werbewelten. Marken, Macher, Mechanismen, Heidelberg 2001, S. 184-187.

Bolz, Norbert: Das konsumistische Manifest, München 2002.

Brand, Horst W.: Die Legende von den „geheimen Verführern", Weinheim 1978.

Branson, Richard: Losing my Virginity. Business ist wie Rock 'n' Roll, München 2005.

Brauer, Gernot: Handbuch Öffentlichkeitsarbeit, Düsseldorf u.a. 1993.

Busche, Jürgen: Die 68er. Biographie einer Generation, Berlin 2003.

Campbell, Joseph: Der Heros in tausend Gestalten, Frankfurt/M. 1999.

Clausewitz, Carl von: Vom Kriege, München 2003.

Cohn-Bendit, Daniel: Wir haben sie so geliebt, die Revolution, Frankfurt/M. 1987.

Csikszentmihalyi, Mihaly: Kreativität, Stuttgart 2000.

Debord, Guy: Die Gesellschaft des Spektakels, Berlin 1996.

Dixit, Avinash K./Nalebuff, Barry J.: Spieltheorie für Einsteiger. Strategisches Know-how für Gewinner, Stuttgart 1997.

Dudik, Eva: „Was das strategische Denken von der Astrologie gelernt hat und was es von der Wissenschaft lernen muss", in: Stefan Bollmann (Hg.): Kursbuch Management, Stuttgart/München 2001, S. 157-178.

Dutschke, Gretchen: Rudi Dutschke. Wir hatten ein barbarisches, schönes Leben. Eine Biographie, Köln 1996.

Eco, Umberto: Einführung in die Semiotik, München 1972.

Eßbach, Wolfgang: Protestbewegung, Scheinrevolution, postmoderne Revolte? Nachdenken über „68", Vortrag vom 19.11.1997 an der Universität Freiburg, unveröffentlichtes Manuskript.

Fichter, Tilman/Lönnendonker, Siegward: Kleine Geschichte des SDS. Der Sozialistische Deutsche Studentenbund von 1946 bis zur Selbstauflösung, Berlin 1977.

Flottau, Renate u.a.: „Die Revolutions-Gmbh", in: Der Spiegel, 14.11.05, S. 178-199.

Franke, Klaus: „Balance auf schmalem Grat", in: Der Spiegel, 18.12.2000, S. 222-224.

Friebe, Holm: „Branding the Revolution. Werbung ist keine Besonderheit des Kapitalismus. Über die Linke und ihr Marketing", in: Jungle World, 18.-21. April 2004.

Friedman, David: Der ökonomische Code. Wie wirtschaftliches Denken unser Handeln bestimmt, München 2004.

Gaede, Werner: Abweichen von der Norm. Enzyklopädie kreativer Werbung, München 2002.

Gaede, Werner: Vom Wort zum Bild. Kreativ-Methoden der Visualisierung, München 1981.

Gartner, Bettina: „Das mitfühlende Gehirn", in: Die Zeit, 22.4.2004, Nr. 18.

Gilcher-Holtey, Ingrid: „Die Phantasie an die Macht". Mai 68 in Frankreich, Frankfurt/M. 1995.

Ginsberg, Allen: Planet News – Gedichte, München 1969.

Greenpeace (Hg.): Das Greenpeacebuch, München 1996.

Groeneveld, Benno: „Die Idee ist der Boss", in: werben & verkaufen, Nr. 46, 2005, S. 40-41.

Guevara, Ernesto Che: Guerillakrieg und Befreiungsbewegung, Bonn 1997.

Haig, Matt: Die 100 größten Marken-Flops, Frankfurt/M. 2004.

Heath, Joseph/Potter, Andrew: Konsumrebellen. Der Mythos der Gegenkultur, Berlin 2005.

Heiman, Jim (Hg.): The Golden Age of Advertising – the 70s, Köln 2006.

Heller, Martin/Keller, Walter (Hg.): Werbung ist für alle da, Zürich 1991.

Heuser, Uwe Jean/Jungclausen, John F. (Hg.): Schöpfer und Zerstörer. Große Unternehmer und ihre Momente der Entscheidung, Reinbek 2004.

Horkheimer, Max/Adorno, Theodor W.: Dialektik der Aufklärung, Frankfurt/M. 1998.

Horowitz, David: The Art of Political War And Other Radical Pursuits, Dallas 2000.

Hufschmid, Anne (Hg.): Subcommandante Marcos. Ein maskierter Mythos, Berlin 1995.

Hunter, Bob/Weyler, Rex: Rettet die Wale. Die Fahrten von Greenpeace, Frankfurt/M. u.a. 1982.

Hunter, Bob: The Storming of the Mind, New York 1971.

Hunter, Bob: Warriors of the Rainbow. A Chronicle of the Greenpeace Movement, New York 1979.

Jung, Holger/von Matt, Jean-Remy: Momentum. Die Kraft, die Werbung heute braucht, Hamburg 2007.

Klein, Naomi: No Logo! Der Kampf der Global Players um Marktmacht, München 2001.

Kraushaar, Wolfgang: 1968 als Mythos, Chiffre und Zäsur, Hamburg 2000.

Kroeber-Riel, Werner: „Bilder sind schnelle Schüsse ins Gehirn. Wirkungsgesetze der Bildkommunikation", in: Sigrid Randa-Campani: Wunderbare Werbewelten. Marken, Macher, Mechanismen, Heidelberg 2001, S. 112-117.

Kroeber-Riel, Werner/Weinberg, Peter: Konsumentenverhalten, München 2003.

Leendertse, Julia: „Lähmende Angst", in: Wirtschaftswoche, 16.3.2000, S. 126-127.

Leitl, Michael: „Winkelzüge für Profis", in: Spiegel-Online, 29. März 2006.

Maas, Jutta: Visuelle Schemata in der Werbung, Aachen 1999.

Marcus, Greil: Lipstick Traces. Von Dada bis Punk – Eine geheime Kulturgeschichte des 20. Jahrhunderts, Reinbek 1996.

McLuhan, Marshall: Die magischen Kanäle. Understanding Media, Dresden 1996.

McLuhan, Marshall: Die mechanische Braut. Volkskultur der industriellen Menschen, Frankfurt/M. 1996.

McLuhan, Marshall: Die Gutenberg-Galaxis. Das Ende des Buchzeitalters, München 1968.

McTaggart, David: Rainbow Warrior. Ein Leben gegen alle Regeln, München 2001.

Morris, Dick: The New Prince: Machiavelli Updated for the Twenty-First Century, Los Angeles 1999.

Neumann, John von/Morgenstern, Oskar: Spieltheorie und wirtschaftliches Verhalten, Würzburg 1961.

Noelle-Neumann, Elisabeth: Die Schweigespirale. Öffentliche Meinung – unsere soziale Haut, München 1980.

Ogilvy, David: Geständnisse eines Werbemannes, München 1991.

Osterkamp, Jan: „Alles Käse, oder was? Geruchsinterpretation formt sich erst hinter einem gehirneigenen Semantikfilter", in: spektrumdirekt. Die Wissenschaftszeitung im Internet, 20. Mai 2005, www.wissenschaft-online.de/artikel/779872.

O.V.: „Der zweite Weg. Die amerikanische Stiftung Freedom House will der Welt Demokratie beibringen", in: Der Spiegel, 14.11.05, S. 182.

O.V.: „Deutschlands Kreativ-Köpfe in den 68ern", in: Der Kontakter, 19.2.01, S. 74.

O.V.: „Interview mit Paul Arden", in: Lürzer's Archiv, Nr. 2, Frankfurt/M. 1993.

O.V.: „Wörter lassen Käse riechen", in: Spiegel-Online, 19. Mai 2005, www.spiegel-online.de/wissenschaft/mensch/0,1518,356538,00.html.

Packard, Vance: Die geheimen Verführer. Der Griff nach dem Unbewussten in jedermann, Düsseldorf 1958.

Patalas, Thomas: Guerilla-Marketing – Ideen schlagen Budget, Berlin 2006.

Perryman, Mark: 1. FC Philosophie, Berlin 1998.

Popitz, Heinrich: Phänomene der Macht, Tübingen 1992.

Popitz, Heinrich: Wege der Kreativität, Tübingen 2000.

Pricken, Mario: Kribbeln im Kopf. Kreativitätstechniken und Brain-Tools für Werbung und Design, Mainz 2002.

Rahir, Kim/Seith, Anne: „Die EU agiert wie ein kopfloses Huhn. Interview mit Wirtschaftskrieger Harbulot", in: Spiegel-Online, 20. April 2006.

Randa-Campani , Sigrid (Hg.): Wunderbare Werbewelten. Marken, Macher, Mechanismen, Heidelberg 2001.

Ries, Al/Ries, Laura: Die zweiundzwanzig unumstößlichen Gebote des Branding, München 1999.

Röhl, Klaus Rainer: Fünf Finger sind keine Faust, Köln 1974.

Roszak, Theodore: Gegenkultur. Gedanken über die technokratische Gesellschaft und die Opposition der Jugend, Düsseldorf, Wien 1971.

Scheier, Christian/Held, Dirk: Wie Werbung wirkt. Erkenntnisse des Neuromarketing, Freiburg 2006.

Schelling, Thomas: The Strategy of Conflict, Cambridge 1960.

Schönwandt, Walter: Denkfallen beim Planen, Braunschweig 1986.

Siemes, Reinhard: „Überleben als Kreativer", in: werben & verkaufen, Nr. 45, 2004.

Sun Tsu: Die Kunst des Krieges, München 1998.

Surowiecki, James: Die Weisheit der Vielen, München 2005.

Toscani, Oliviero: Die Werbung ist ein lächelndes Aas, Frankfurt/M. 1997.

Toscani, Oliviero: „Provokation ist eine Geste der Großzügigkeit", in: Lürzer's Archiv, Nr. 3, 2000, S. 7-11.

Turner, Sebastian: „Auf die Nerven gehen", in: Wirtschaftswoche, 16.3.2000, S. 151.

Wagner, Bruno: Business ist wie Krieg führen, Frankfurt/M. 2004.

Weidner, Anselm: „Revolutionen nach Drehbuch", in: Deutschlandfunk, 09.11.2005, als Internetveröffentlichung unter: www.dradio.de (zuletzt abgerufen am 23.5.07).

Weyler, Rex: Greenpeace. How a Group of Ecologists, Journalists and Visionaries Changed the World, Vancouver 2004.

Wilp, Charles: „Warum sollen Nonnen nicht Afri-Cola trinken?", in: Die Welt, 2. Oktober 2003.

Wirzer, Adolf: Lerne schöpferisch denken, Stuttgart 1970.

Wollschläger, Gunther: Kreativität und Gesellschaft, Frankfurt/M. 1972.
Wollschläger, Hans (Hg.): Karl-Kraus-Lesebuch, Frankfurt/M. 1987.
Young, Jeffrey/Simon, William L.: Steve Jobs und die Geschichte eines außergewöhnlichen Unternehmens, Frankfurt/M. 2006.

BILDNACHWEIS

S. 14, 64, 104: Illustrationen. SW Design.

S. 16, 19 (rechts und links), 20, 23, 74: Rex Weyler.

S. 30: Seite aus Guy-Ernest Debords Mémoires. Greil Marcus: Lipstick Traces. Von Dada bis Punk. Eine geheime Kulturgeschichte des 20. Jahrhunderts, Reinbek 1996, S. 327.

S. 35: Charles Wilps Afri-Cola-Anzeige. Werner Gaede: Abweichen von der Norm. Enzyklopädie kreativer Werbung, München 2002, S. 666.

S. 37: Martin Ludwig Hofmann.

S. 42: Pixelio.de.

S. 44: Titelbild von Proceso. Anne Hufschmid (Hg.): Subcommandante Marcos. Ein maskierter Mythos, Berlin 1995, S. 118.

S. 48: Otpor-Logo. Der Spiegel, Nr. 47, 21. November 2005, S. 184.

S. 59: Richard Branson. Naomi Klein: No Logo! Der Kampf der Global Players um Marktmacht, München 2001, S. 80.

S. 67: Demonstration der Grünen. Museumsmagazin, Nr. 4/2004, S. 20.

S. 127:.Marlboro-Anzeige. Jim Heimann: The Golden Age of Advertising – the 70s, Köln 2006, S. 36.

S. 131: Anzeige für Anti-Slavery International. Mario Pricken: Kribbeln im Kopf. Kreativitätstechniken und Brain-Tools für Werbung und Design, Mainz 2002, S. 75.

S. 148, 149: Benetton-Anzeigen. Oliviero Toscani: Die Werbung ist ein lächelndes Aas, Frankfurt/M. 1997, Bildseiten zwischen S. 112 und 113.